PDCAを回して結果を出す！

Google ビジネスプロフィール 集客・運用マニュアル

P Plan
D Do
C Check
A Action

森山 直徳
Moriyama Naonori

つた書房

本書をお読みいただく上での注意点

●Googleのガイドラインは定期的に更新されるため、公式ヘルプページを確認しながら対応してください。本書の内容は2024年11月時点のものです。

■ はじめに

　近年、スマホの普及により、お店を探す際の行動手順が変わってきました。スマホでGoogle検索をして地図とともに表示される数軒の店舗を比較検討して選択し、来店するという流れが増加しています。特にZ世代といわれる1990年代後半以降に生まれた人たちは、デジタル技術の進化とともに成長し、インターネットやスマホが生活の一部になっています。友人同士が集まって食事する場所を決めるときには、その場でスマホを使ってお店を探す傾向にあります。

　このように地図アプリを活用した購買行動が増加したことで、目的を果たせる店を選ぶのはもちろんですが、現在地からできるだけ近距離で候補を絞り、その中から興味や関心を持った店舗を選んで出かけていく人たちも多くいます。

　あなたのお店は、スマホを使って見つけてもらうための対策は取れていますか。Google検索による集客に力は入れていますか。Googleマップに自社・自店舗の情報をしっかりと登録していますか。

　もし、まだ講じていないのであれば、Googleビジネスプロフィールが役に立ちます。自社のビジネス情報をインターネット上に公開し、提供している商品やサービスの写真などを掲載して、理想とするお客様に向けて情報発信を行うことができる新規集客に効果的な無料ツールです。

　これまでに3500社以上の中小企業のローカル集客を支援してきましたが、関わらせていただいた経営者の多くは、インターネットを使った集客について、マーケティングを難しく感じていたりそれなりの専門知識が必要であると思われていたりすることが大半です。しかし、Googleビジネスプロフィールを使った集客には専門知識は不要です。本書では、Googleビジネスプロフィールを活用しPDCAを回して集客力を強化するための方法を解説しています。前半は、集客にGoogleビジネスプロフィールが最適な理由、基礎知識やアカウント開設の手順、

後半は運用開始からPDCA を回して集客力を強化していくための活用法を紹介する全編8章立てです。

　良い商品やサービスを持っていても、存在が知られていなければお客様の来店はありません。Googleビジネスプロフィールを活用して、存在を知ってもらい、業績アップに繋げていきましょう。

CONTENTS

集客するなら Googleビジネスプロフィールが最適な理由

01 そもそも集客するにはどうしたらいいのか 12

02 集客に悩んでいるなら
   Googleビジネスプロフィール 17

03 Googleビジネスプロフィールを
   オススメする理由 20

押さえておきたい Googleビジネス プロフィールの 基礎知識

01 Googleビジネスプロフィールの概要 ………………… 32

02 Googleビジネスプロフィールの
メリットとデメリット ………………………………… 38

03 Googleビジネスプロフィールでできること ………… 43

Googleビジネス プロフィールを 開設しよう

01 Googleビジネスプロフィールを開設しよう ………… 52

02 Googleビジネスプロフィールを作成しよう ………… 58

03 Googleビジネスプロフィールを公開しよう ………… 81

Googleビジネスプロフィールの活用のためにやっておいた方がいいこと

- 01 Googleビジネスプロフィールのアカウント設計 86
- 02 一緒に構築しておく関連メディア 93
- 03 サイテーション効果を高め、集客力を強化する 97
- 04 見つけてもらうためのMEO対策とは 107

CHAPTER-5 Googleビジネスプロフィールを運用するための目標設定

- 01 Googleビジネスプロフィールの目的を明確にしよう ... 114
- 02 KPI（重要業績評価指標）の設定をしよう ... 120
- 03 MEO対策に向けた目標設定 ... 129
- 04 営業戦略の設計 ... 136

CHAPTER-6 Googleビジネスプロフィールに投稿する制作と編集

- 01 ビジュアル化して信用力を高める ... 146
- 02 認知されて集客力を高める ... 158
- 03 口コミを集めてブランド力を高める ... 168
- 04 最新情報の更新でエンゲージメントを高める ... 171

CHAPTER 7 Googleビジネスプロフィールに掲載した情報の測定と改善

01 集客力向上のための掲載した情報の分析と改善 178

02 集客力を強化する口コミの分析と対策 186

03 集客を成功させるために高めるべき10の力とは 197

CHAPTER 8 他にも押さえておきたいGoogleビジネスプロフィールの機能

01 予約機能を活用する 206

02 Q&Aを活用する 209

03 Googleのサービスと提携する 213

書籍購入
読者限定特典プレゼント

本書の特典として、誌面の都合等により、一部割愛した「Googleビジネスプロフィール集客力アップにつながる5つのヒント」（限定動画）をプレゼントいたします。

プレゼントは下記のQRコードを読み取ってください。

直接ブラウザに入力する場合は、下記のURLをご入力ください。
https://www.m-tasuki.com/book-tokuten-gbp/

※特典映像は著作権法で保護された著作物です。許可なく配布・転載を禁止します。
※特典は予告なく終了する場合があります。お早めにお申し込みください。

CHAPTER-1 集客するならGoogleビジネスプロフィールが最適な理由

そもそも集客するにはどうしたらいいのか

SECTION 01

集客を成功させるためには何をどのようにしたらいいのでしょうか。Googleビジネスプロフィールで集客に取り組む前に、集客の基本4つについて解説します。

集客するにはどうしたらいいのか

ビジネスを行っていく上で、集客は大きな課題です。新規顧客を獲得して既存顧客にも継続的に来ていただくためには効果的な戦略が必要になってきます。大企業であれば長年の実績やブランド力に加え、潤沢な広告費で大規模なマーケティングもできますからそれでいいのですが、私たちのような小規模事業者が集客を成功させるには、何をどのようにしたらうまくいくのでしょうか。

Googleビジネスプロフィール

Googleビジネスプロフィールは、集客に悩んでいる人、特に「新規顧客を獲得したい」と考えている人にとって、集客の手段として最適なツールです。おそらくあなたが本書を手にしてくださった理由も、ご自身で経営しているビジネスや店舗の集客力を向上させたくて、Googleビジネスプロフィールの活用に興味を持ったからではないでしょうか。

■ 集客の基本は4つ

Googleビジネスプロフィールの解説に入る前に、ここで集客の基本について確認をしておきます。集客を成功させるために私たちが起こすべき行動の基本は　①知ってもらう　②選んでもらう　③来てもらう　④リピートしてもらう　の4つです。

■ 集客の基本①「知ってもらう（認知）」

あなたの行っているビジネスや店舗のことを、誰一人知らないとなれば、それはこの世に存在しないのと同じです。存在を認識してもらえていなければ、興味も持ってもらえませんし、もちろん買ってももらえません。存在を知ってもらってはじめて次の展開に進めるわけですから、まずは一人でも多くの人にあなたの行っているビジネスや会社、あなたが店舗で販売・提供しているサービスや商品、そしてあなた自身のことを知っていただく活動をおこなっていく必要があります。

■ 集客の基本②「選んでもらう（比較検討）」

認知活動の末、商品やサービスの存在を知ってもらえるようになったとしても、すぐにお客様は来てくれるわけではありません。お分かりのとおり、世の中にはたくさんのお店があり競合店がありますから、お客様は他店とあなたのお店を比較し検討しています。ここで私たちは、お客様に選ばれるための施策を講じる必要があります。

13

■ 集客の基本③ 「来てもらう（来店・成約）」

　お客様が他店と比較検討した結果、あなたのお店が選ばれたらようやく来店、または予約、もしくは成約して購入に至ります。ここで大切なのは、来てもらうため、予約してもらうための働きかけです。来店いただくための働き方の例として、Amazonや楽天などでも開催されるブラックフライデーセールや、家電量販店などの期末セールなどもありますが、集客がうまくいっているところは、季節に応じた企画やイベントの開催、クーポンの配布など、お客様が来店してくださるきっかけになるような工夫や活動を行っています。

■ 集客の基本④ 「リピートしてもらう（良い口コミをいただく）」

　ビジネスを長く続けるには、お客様の継続的な来店や購入など一定のリピート率を得ることが重要になってきます。したがって成約後や購入後にも、再び来店いただくための活動は欠かせません。また現在は「売って終わり」ではなく「売ってからが始まり」、お客様からすると「買って終わり」ではなく「買ってからが始まり」といった関係性の構築が重要となっています。

　そのような背景も踏まえご利用いただいたお客様が紹介や口コミをしてくださると、結果的に新規顧客とともに再び来店いただけることもあります。

　Googleビジネスプロフィールの口コミに、お客様からの投稿や良い評価がつくというのは満足していただいている証です。実際に購入して体験したお客様の声は、信憑性があります。自社の発信で「最高のお品です」「いいサービスです」とPRするのも間違いではありませんが、利用者の声の方が、同じユーザー目線のため、イメージしやすいことから、集客につながりやすい傾向にあります。

ここで紹介した集客の基本4つはどれも重要ですが、なかでも集客の最初の入り口となる知ってもらうための認知活動をしていかなければ、あとの３つは成立しません。

集客の基本

認知活動につながるそのほかの集客ツール

　Googleビジネスプロフィールは、特に店舗ビジネスにおいて新規顧客を獲得しやすい集客ツールです。しかも無料で活用できます。

　集客につながるツールは他にもありますので、ここで代表的なものを紹介しておきます。インスタグラムやX（旧Twitter）などのSNSは、すぐに集客につながることは難しいものの見込みのお客様との接点を作るのが得意です。ウェブサイトと言われるホームページは、会社の基本情報や製品・サービスなどの詳細情報の提供やお客様からの信用・信頼を築く自社ブランドを構築するメディアで、YouTubeやTikTokなどの動画配信サービス、メールマガジン、LINE公式アカウントは、お客様との関係性を構築するのが得意です。その他各種広告への出稿はキャンペーンや戦略にもよりますが、集客等の強化・促進につながりやすい有料ツールです。

　潤沢な広告費がかけられるのであれば話は別ですが、もしなるべく費用をかけずに集客を成功させたいのであれば、複数の集客ツールを駆使して更新頻度を上げ、継続的にコンテンツをつくり込み、見込み客となってくれた人たちとの交流を含めた運用が重要になります。

認知活動につながる集客ツール

目的	集客ツール	活用法と効果
新規の集客をする	Googleビジネスプロフィール	ローカル検索で見込み客の目に情報が触れやすい
見込み客との接点を作る	インスタグラム、X（旧Twitter）、Facebookなど	頻回に更新して、コメントやいいねなどで見込み客との交流ができる
見込み客の信用・信頼を獲得する	ホームページ	会社の基本情報、製品・サービスの詳細な情報提供ができる。自社ブランド構築につながる
お客様との関係性を構築する	動画配信サービス（YouTube、TikToKなど）	リアリティーがあり、信憑性が高いと感じていただける
	LINE公式アカウント／メールマガジン	クーポンなどを配布して登録を促し、定期的に情報を届けられる
成約・結果につなげる	広告出稿	有料ではあるが、絞り込んだターゲットに向けて情報を配信できる

CHAPTER-1 集客するならGoogleビジネスプロフィールが最適な理由

集客に悩んでいるなら Googleビジネスプロフィール

SECTION 02

スマホ時代に適した無料で集客できる今注目のGoogleビジネスプロフィール。見込みのお客様のニーズにリーチできるよう、今すぐ始めましょう。

新規顧客の集客が得意なGoogleビジネスプロフィール

　本書でこれから伝えていくGoogleビジネスプロフィールは、意外にも私たちの日常生活に溶け込んでいます。例えばですが、旅先で食事どころを探したり、観光地など場所を探すときに、Googleで検索することはないでしょうか。私の話ですが、以前、出張先の札幌で美味しいラーメンが食べたいと思って、手元のスマホで「札幌　ラーメン」とGoogle検索をしてみると、画面のトップに表示されたのはラーメン屋にピンがたったGoogleマップでした。その下に３軒のラーメン屋の詳細が写真付きで表示されます。実はこの写真付きの店舗情報が、Googleビジネスプロフィールそのものです。私たちはそれとは知らずに、このサービスをお客様側の視点で利用しています。店舗側の視点でいえば、「札幌でラーメンを食べたい」といった「ニーズ」で検索してくれた見込みのお客様が私になります。Google検索して地図が表示されて、その下に表示される店舗情報はお店を探している人にとってはタイムリーな情報です。新規顧客として来店する可能性は十分にあります。

　Googleビジネスプロフィールは、Googleの地図アプリであるGoogleマップと連動していて、店舗までの経路や到着するまでの所要時間も表示されます。そもそも行ったことのあるお店の場合には、現在地からの経路や所要時間を確認する程度ですが、全く知らない土地でお昼ご飯を食べるお店を探したい時などは、検索した結果、表示された上

位のお店から無意識のうちに比較検討をして店を決めていくのが自然です。

　Googleビジネスプロフィールを一言で説明すると「見込みのお客様に見つけてもらいやすい集客ツール」。それもGoogleが提供している無料で使えるサービスです。

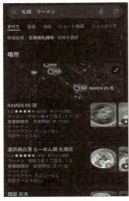
スマホで「札幌　ラーメン」でGoogle検索した結果

経路や所要時間も表示される

スグに始められるGoogleビジネスプロフィール

　ここまでの話から考えてみても、あなたがもし、今、店舗型のビジネスを行っていて集客に悩んでいるのであれば、Googleビジネスプロフィールを活用するのがオススメです。実際に運用をはじめてみると、想像していたよりも手軽に始められて、集客力が上がることに驚きを感じる人もいるでしょう。

　仮にもしこれから自社でウェブ集客を本腰を入れてやっていこうと思っているのであれば、ホームページを作るのも大事ですが、まずはこのGoogleビジネスプロフィールを開設して運用を始めておいた方が無難です。ホームページは、専門業者に依頼すると数十万円の制作費用もかかりますし、出来上がってくるまでにはそれ相応の時間もかか

ります。先ほど紹介したSNSなども無料でできますが、アカウントの設計から始めてブランディングができあがるまでには、それなりの数の発信とコンテンツ力が必要になってきますので、まずはGoogleビジネスプロフィールを開設して運用を始めておきましょう。

　Googleビジネスプロフィールは、Googleが提供しているサービスです。Googleの提供しているメディアサービスに何かしらの形で反映されやすいので、活用したほうが集客にもつながりやすいです。

Googleビジネスプロフィールの例：RAMEN RS 改

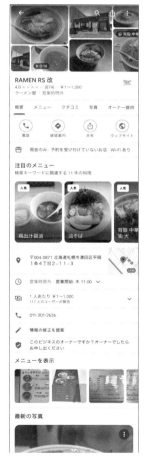

CHAPTER-1 集客するならGoogleビジネスプロフィールが最適な理由

SECTION 03

Googleビジネスプロフィールをオススメする理由

ウェブ集客で成功している人たちは、Googleビジネスプロフィールの活用に力を入れています。ユーザーからの利便性も高くアクセスが増加しているためです。

お客様と一緒にビジネスを共創できる

　今、集客に力を入れている人たちは、Googleマップで表示されている店舗やビジネスに注目しています。上位に表示されることで、見込みのお客様から確実に見つけてもらえますし、知ってもらえるからです。そこがクリアできると、他のビジネスや店舗との比較検討の対象に入ることができます。Googleビジネスプロフィールを使って本格的に集客に取り組んでいるところは、自社のビジネスや店舗の情報が、検索の上位に表示されるにはどうしたらいいのか、いわゆるMEO対策と言われるマップ検索の上位に表示されるにはどうすればいいのかといった研究や対策をしています。本書を手にしている人のなかにも、すでに同様に取り組んでいる人もいるかもしれません。MEO対策については後述します。

　今は何かわからないことがあると手元にあるスマホですぐに検索をする人が多くなりました。Google検索で表示されたその結果には、Googleマップと連動したGoogleビジネスプロフィールに登録されたビジネス情報が表示されるため、かなりの割合で、私たちは自然とGoogleマップを見にいくことになります。

　このような背景の中、もしまだGoogleマップにあなたの店舗やビジネスの情報が掲載されていないのであれば、それは機会損失です。今すぐにGoogleビジネスプロフィールのアカウントを開設し、オーナー

として登録申請の許可をとりましょう。申請が認められると、すぐに運用できるようになります。

　Googleビジネスプロフィールのアカウント開設から運用までの流れはこのあと解説しますが、大まかにいうとあなたの店舗やビジネスの基本情報を整理して入力し、定期的な更新を続けて売りや魅力を発信していきます。

　口コミの投稿は集客効果につながります。詳しくは後述しますが、来店者や利用者には口コミに投稿いただけるような仕組み化を図り、口コミに返信する形で双方向のコミュニケーションを実現していきます。お客様が一緒にあなたのビジネスや店舗を盛り上げていってくださるメディア。それがGoogleビジネスプロフィールです。

アクセスが増加している理由は

　ウェブ集客での認知活動は、公開した情報やコンテンツへのアクセス数の増加でその認知の広がりを測定することができますが、近々ではウェブサイトよりもGoogleマップのアクセス数の方が大幅に増加している傾向です。Googleマップにアクセスが増加しているということは、Googleマップ内に表示されるGoogleビジネスプロフィールのビジネス情報へのアクセスも増加しています。以下はその理由についてです。

■ 理由その１：ニーズで検索するとGoogleマップが出てくる

　例えば、出張先の札幌で個室のある居酒屋を予約して仲間うちで夕食をとりたいと考えているとします。手元のスマホで「札幌駅　居酒屋　個室」とGoogleの検索窓に入力すると、どのような表示になるでしょうか。「スポンサー」と表示のあるリスティング広告の後に出てくるのは、Googleマップの地図です。その下に個室のある居酒屋の店舗の情報が写真付きで出てきました。「札幌駅付近の個室のある居酒屋」

というニーズに合致した居酒屋店舗の競合が表示されたわけです。「さらに表示」をタップすると、地図の表示が大きくなり、地図中にはニーズに合う店舗がさらにピックアップされます。下までスクロールしてみると、その居酒屋ごとに複数の写真や、口コミや評価などの情報がまとまって表示されました。

スマホで「札幌駅　居酒屋　個室」で検索したら表示された結果①

　見込みのお客様からしてみれば、Googleビジネスプロフィールのおかげで、ニーズにあった居酒屋が写真情報なども含めて比較できるので、非常に便利です。店舗側からすれば、競合と比較されやすくなりますが、選ばれることになれば、新規の集客につながる可能性が高まります。このような検索結果になる以前は、飲食店を紹介するポータルサイトの「食べログ」や「ヒトサラ」などを活用してお店を探す傾向にありました。しかし今はGoogle検索による店舗探しが主流になってきています。

22

スマホで「札幌駅 居酒屋 個室」で検索したら表示された結果②

飲食系ポータルサイト

　なお、Googleマップで上位に表示されるために行っておく対策は、MEO対策と言います。MEOはMap Engine Optimizationの略です。

MEO対策の詳細は後述します。

■ 理由その２：検索すると現在地から距離の近い店舗やビジネスが表示される

　Google検索やマップ検索をすると、基本的に現在地から距離の近い店舗やビジネスが表示されます。例えば、静岡市の歯科医院を探しているときに、市内のすべての歯科医院の情報が並べられるよりも、今いる自分の現在地から近い距離にある歯科医院がいくつか表示されるほうが助かります。その中から比較検討できるというのは、見込みのお客様からすればとても使い勝手が良いはずです。

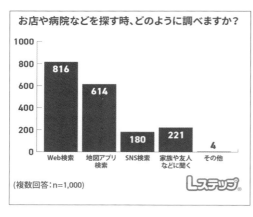

Lステップ
お店や病院を探す手段として半数以上が地図アプリを利用している

■ 理由その３：店舗情報の提示から予約までワンストップでできる

　Googleマップに出てくるGoogleビジネスプロフィールの店舗情報には、現在地からの距離や到着するまでにかかる時間、営業時間、料金、メニューや店内の雰囲気、出てくる料理の写真なども掲載されています。さらにそこから予約ができる店舗もあるので、言ってしまえば、Googleマップはワンストップ型の検索アプリです。だから非常に使い勝手がいい。この便利さを経験してしまったGoogleのユーザーは、その後の同じような場面では優先的にGoogleマップを繰り返し使

うようになるに違いありません。

■ 理由その4：探したいニーズをきちんと拾って表示してくれる

　昨今の厳しい経済情勢ですから、居酒屋に行きたいと思ったときに「リーズナブル」「格安」「安い」などの料金の相場は欲しい情報のひとつです。これがGoogleマップに出てくるGoogleビジネスプロフィールのビジネス情報に反映されます。

　利用者の投稿した口コミから「安い」「リーズナブル」などのワードを拾って関連付いている店舗が表示されます。関連するワードは太字で表示されています。

スマホで「静岡駅　リーズナブル　居酒屋」で検索したら表示された結果

■ 理由その5：気になる店舗情報を自身の観点で保存できる

　スマホは、自分専用の辞書や手帳のような使い方ができます。インスタグラムやYouTubeなどと同じように、Googleマップには、気になるものや後から見たいものなど、自分の観点で検索して見つけた情報を、スター付き、わたしの好きな場所、旅行プラン、行ってみたい場所、などに分類してスマホに保存ができます。

25

気になる店舗情報を保存できる

■ Googleマップは国内で最も利用されている地図アプリ

　主に以上のようなことが、Googleマップにアクセスが集まっている理由です。繰り返しお伝えしているように、Googleビジネスプロフィールは、Google検索やGoogleマップにビジネス情報を表示して見込みのお客様となるGoogleユーザーに見つけてもらいやすくするためのツールです。Googleマップにアクセスが集まれば、当然、Googleビジネスプロフィールにもアクセスが集まります。

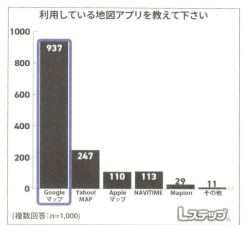

Lステップ「利用している地図アプリ」

　国内で使われている地図アプリの中でもGoogleマップは、非常によく使われているアプリです。地図アプリにはYahoo!マップ、Appleマップ、NAVITIME、マピオンなどがありますが、地図アプリ利用者の9割がGoogleマップを使っていると言われています。
　ここまでの話でGoogleビジネスプロフィールは、今注目の集客ツールであることはお分かりいただけたかと思います。

自社サイト VS Googleビジネスプロフィール

　次はウェブサイト（ホームページ）との比較です。自社のホームページがあれば、Googleビジネスプロフィールの運用を行わなくてもいいのではないか、と思う人もいると思います。しかしインターネット上にあなたのビジネスやお店のホームページは存在していても、まだ見ぬ見込みのお客様に、自社のホームページにアクセスいただくのは簡単ではないのです。
　仮にあなたの販売しているものや提供するものを検索で見つけてもらえたとしても、いきなり、あなたの店舗やビジネスのホームページが、ポータルサイトや口コミサイトより上位に表示されることはほぼ

ありません。お金をかけて有料広告を数多く打てば話は別ですが、そうでなければ、何か特異なことでも起きてバズるくらいのことがなければ難しいのが現状です。なぜなら、検索順位を上位表示させるための施策（SEO対策）は、今、思うような結果に結び付きにくくなっているからです。

　ホームページで集客をするには、見込みのお客様に向けた有益なコンテンツを書いて更新をしていくこと、配布したチラシに載せたQRコードや名刺に載せたホームページのURL、また見込みのお客様に直接お会いした際に伝えるなど指名検索を含めたアクセスを集めていき、まずはお客様に見ていただけるような施策に取り組むことが主眼となります。インターネット上にあるホームページでアクセスを集められるようになるまでには時間もかかります。

　それならば、やはりGoogleマップの需要が高まっている今だからこそ、Googleビジネスプロフィールの活用に力を入れていくべきです。

■ Googleビジネスプロフィールと公式サイトの合わせ技で集客力を上げる

　これからウェブ集客を始めるのであれば、Googleビジネスプロフィールを運用をしながら、ホームページの構築を進めていくのが正解です。Googleビジネスプロフィールとホームページの両方の合わせ技で集客力を上げていきましょう。

　今はどのようなビジネスでもホームページを持っていることが望ましい時代ですから、ホームページがなければ、初めてのお客様は本当にお店や会社が存在するのだろうか、と不安要素を抱えることになってしまいます。このような意味からホームページの構築は行っておく必要はあります。

　またホームページがあれば、Googleビジネスプロフィールの運用を始めたときに、条件さえ整えば検索上位に表示される可能が高まります。これは後述しますが、インターネット上でどれだけ視認性の高さ（知名度）があるかを測る指標によるものです。ホームページのあるな

しはこの知名度に少なからず影響しますので覚えておいてください。

インスタグラムVS Googleビジネスプロフィール

　今、SNSは全盛で利用者も年々増えています。インスタグラムでは、実際に利用してくださったお客様が写真や動画を投稿して利用時の感想を語り、シェアしてくれることもあるほどです。見込みのお客様はその投稿を見て、自分が来店したときにはどのような体験が待っているのかとイメージをつかみやすいため、インスタグラムで飲食店や利用したいサービスを探している人たちは多いようです。

インスタグラムでシェアされている「洋食屋みさくぼ」。詳細な情報までは確認できない

　ただし、SNSで店舗やビジネス、提供している商品やサービスを見つけてもらえるようになるには、ある程度のフォロワー数が必要です。投稿が届くターゲット層、表示される回数や人数などアルゴリズムが左右します。ある程度の影響力を持つには、根気強く継続的にSNSの

運用に取り組んで行くことが大切です。

　それに比較してGoogleビジネスプロフィールは、オーナー登録の申請さえ承認されたらすぐに表示される傾向にありますので、最速で新規顧客にリーチできるのは魅力的です。

　また、実際にインスタグラムで飲食店を探してみて思うのですが、インスタグラムの情報だけでは詳細な情報まで確認できないケースもあります。インスタグラムで目ぼしい店舗やビジネスを見つけたら、ひとまず見つけた投稿の保存だけはしておいて、実際に行こうと思ったタイミングで改めてGoogleで検索をしていくようなことをよく行います。この流れになると、結局、インスタグラムで見つけた店舗やビジネス、商品やサービスをGoogleで検索してGoogleマップにたどり着き、そこに掲載されている情報を見て、現在地からの距離や場所、営業時間、料金を確認することになるわけです。このGoogleマップに掲載されている情報こそが、Googleビジネスプロフィールですから、見込みのお客様の行動を時間的に短縮させることも含め、新規の集客をするのに適していることがわかります。

CHAPTER-2
押さえておきたいGoogleビジネスプロフィールの基礎知識

CHAPTER-2 押さえておきたいGoogleビジネスプロフィールの基礎知識

Googleビジネスプロフィールの概要

SECTION 01

Googleが提供している集客ツール「Googleビジネスプロフィール」で、お客様目線に立った情報発信を行うことで集客効果や売上アップにつながります。

Googleビジネスプロフィールとは

　ここで改めて概要について触れますが、Googleビジネスプロフィールとは、Googleが提供している店舗やビジネスを支援するための集客ツールです。ビジネスオーナーなら誰でも無料でアカウントを開設できます。以前は「Googleマイビジネス」という名称でしたが、2021年11月4日に「Googleビジネスプロフィール」と名称を変更し、さらに使い勝手が良くなりました。

Googleビジネスプロフィール
https://www.google.com/intl/ja_jp/business/

Googleビジネスプロフィールは、Google検索やGoogleマップ検索をした見込みのお客様の購買行動に基づき、店舗やビジネスの情報を掲載。イベントの開催予定、クーポン（特典）、最新情報をはじめとする投稿で、商品やサービスの内容など自社のビジネスの売りや魅力などを直接アピールできます。

　アカウントを作成し、ビジネスオーナーとして承認されてGoogleビジネスプロフィールを運用できるようになると、さまざまな情報発信もできるので、適切に更新などを行うことにより検索結果やGoogleマップでビジネス情報を上位に表示できるようになります。そうなれば、見込みのお客様に見つけてもらいやすく、特に新規顧客の獲得につながりやすくなります。

　また集客支援のツールとしては珍しい仕組みで、ビジネスオーナーとGoogleユーザーとGoogleの三者間で情報を共有しています。当然、ビジネスオーナーの手によってGoogleビジネスプロフィールの情報を更新・提供できますが、ほかにもサービスや商品を購入したユーザーが情報を提供したり、Google側でもインターネット上から収集した情報から掲載情報を反映・更新を行うこともできます。

三者間によって、情報が共有・更新されるためタイムリー性・鮮度が高い

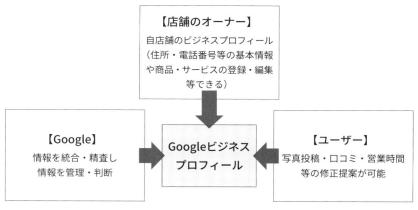

Googleプロフィールは三者間で情報を共有している

33

■ お客様目線に立った情報発信が集客につながる

　見込みのお客様は、Googleビジネスプロフィールの店舗情報を見る
だけで、基本情報や口コミ、写真や動画も確認できますから、ある程
度のことは把握できます。口コミなど店舗側からすると「どのように
評価されるのか」という意味では、正直、怖い面もありますが、これ
が実際の「お客様の目線」になります。

　だからこそ、お客様目線に立った情報整備と発信が肝になります。
運用するにあたっては、よく検討しておく必要はありますが、情報発
信を重ねていくと、自然と競合他社との間に差がついていくような形
となり、お客様目線で発信していることが結果的に集客力をあげてい
くことにつながります。

運用するべき人やビジネスは

　次にGoogleビジネスプロフィールを運用すべき人やビジネスについ
てです。Googleビジネスプロフィールは、ビジネスを行っている人な
らすべての人が取り組むべき集客ツールです。ここではその中でも特
に行った方がいい7つの例をあげましたので参考にしてください。

■ 1.地域密着型店舗ビジネス

　地域に密着したビジネス・店舗は、Googleビジネスプロフィールを
行うことで新規顧客を獲得しやすくなります。見込みのお客様となり
うる人たちが初めてその地域を訪れたときやこれまで行ったことのな
い場所で、レストランやカフェ、居酒屋など飲食店や美容院や理髪店
などを開拓したいと思う場合や、また地域の人においても、例えば新
たに子どもの習い事としてピアノ教室を探すときなど、初めてサービ
スを受ける、あるいは新たに商品やサービスの購入を検討する時など
には重要な情報源になります。

また、外側から店内の様子がわからない小さなお店は入店しにくい
ものですが、事前に写真や動画などが公開されていて確認ができれば、
見込みのお客様からするとイメージできるため安心材料になります。

■ 2.サービス業

　電気工事や水道管工事、清掃サービスなどは、新規顧客を獲得しや
すくなります。住居や事業所で思いがけない水漏れのトラブルなどライ
フラインに不具合が生じると、修理は緊急を要します。そのような
ときに周囲に知り合いや紹介者がいない場合には、Googleビジネスプ
ロフィールは大変重宝します。見込みのお客様にとっては、自分の現
在地から近隣でサービスを提供している会社が見つけ出せるのはあり
がたい話ですし、緊急対応の可否や料金の詳細、サービス内容、さら
には口コミや評価で仕事ぶりも判断できますので、Googleビジネスプ
ロフィールは重要な情報源になります。

■ 3.医療機関や歯科医院

　医療機関や歯科医院は新規患者を獲得しやすくなります。信頼性の
ある情報を提供できれば、お問い合わせや予約を促進することも可能
です。日常的に通っているかかりつけ医がいて1箇所で受診すればこ
とが済むケースもありますが、急病の際には、診療科目で病院や医療
サービスを探さなくてはならず、Googleビジネスプロフィールは非常
にありがたいツールです。

　健康状態に関するものはセンシティブですし、そこにいる医師の評
判や看護師の対応も口コミや評価からある程度は予測がつきますので、
患者が診療してもらいたいと思えるような病院を選択するときの判断
基準ともなります。

■ 4.スポーツジムやフィットネススタジオ

　スポーツジムやフィットネススタジオは、新規顧客を獲得しやすくなります。健康やフィットネスに関心があるお客様からすれば、基本的に通いやすいことを前提に考えるので、自宅の周辺や勤務先の周辺、通勤・通学路の圏内で探す傾向にあります。そのことからもGoogleマップに紐づく位置情報からくる店舗の情報は非常に役立ちます。

　入会を促進する無料体験などの情報を提供し、新規顧客の獲得につなげます。

■ 5.新規開店する店舗

　新規開店したばかりの店舗は、新規顧客を集めやすくなります。基本的に新規開店の店舗に訪れるお客様は、近隣の人が大半です。チラシの投函や看板の設置などを含めたあらゆる角度で店舗の認知を広げ、近隣地域に住む人たちやあなたのビジネスを必要としている人たちにその存在をアピールできます。

　見込みのお客様からすれば近くにできた新店舗がどんなお店なのか気になりますが、それが分かるGoogleビジネスプロフィールの情報はありがたいものです。

　店舗の情報提供ができるGoogleビジネスプロフィールは、新規に開店する店舗の集客にも有利に働きます。

■ 6.イベントやキャンペーン開催するビジネスオーナー

　Googleビジネスプロフィールを運用すると、特別なイベントやキャンペーン等を告知できますので、集客の効果を高めることができます。

　見込みのお客様からすれば、実際に店舗に行ったり、ポスティングされたチラシ、ダイレクトメールなどを受けとったりできなければ、それらの情報は手に入りません。そのような情報を無料で提供できるのがGoogleビジネスプロフィールです。

■ 7.ECサイトでビジネスをしているビジネスオーナー

　インターネット上で商品やサービスの売買をしているオーナーは、集客力をあげられる可能性があります。実店舗はなくても、検索結果やGoogleマップで表示されて、見込みのお客様に見つけてもらいやすくなるからです。

　また、実店舗でもビジネスをしているオーナーは、オンラインとオフラインの両方で売上を伸ばせる可能性があります。

　ここに紹介した7つの例は、Googleビジネスプロフィールを活用すると効果の出やすい人やビジネスの一部ですが、どのようなビジネスでも集客効果や売上アップにつながる可能性を見込めることがわかります。

　Googleビジネスプロフィールを行って損をする店舗やビジネスはありません。ほとんどの場合、検索結果がGoogleマップと連携するからです。特にリアルの店舗ビジネスは、今すぐ活用しなければ、機会損失になってしまいます。

37

CHAPTER-2 押さえておきたいGoogleビジネスプロフィールの基礎知識

Googleビジネスプロフィールのメリットとデメリット

SECTION 02

Googleビジネスプロフィールにも、当然、メリットとデメリットがあります。運用にあたっては十分に検討して運用の可否を決めていきましょう。

Googleビジネスプロフィールを運用するメリット

　ここまでGoogleビジネスプロフィールの運用を始めると起こりうる効果的なものばかりを伝えてしまいましたが、メリットばかりではありません。デメリットもあります。

　ここからは、あなたの行っている店舗やビジネスでGoogleビジネスプロフィールを運用した場合のメリットと、デメリットを、お客様の目線で整理してみました。

　まずはメリットです。

■ リアルタイムで提供できる

　見込みのお客様が必要としている情報をリアルタイムで提供することができます。例えば、営業時間の更新です。突然の営業時間変更や特別営業日・休業日などをすぐに反映できるため、お客様は常に最新の情報を得ることができます。また投稿機能を使って、企画した特別なセールの開催情報や在庫の状況を伝えるコンテンツを作成して公開するなど、見込みのお客様へタイムリーに情報を提供することができます。常に最新かつ正確な情報を得ることができると、あなたのビジネスに対する信頼感が高まります。

■ 欲しい情報を提供できる

　見込みのお客様が必要としている情報を的確に提供することができ

ます。Google検索やマップ検索に連動するので、企業名やブランド、屋号、商品名など、特定の名前で探す「指名検索」で、ビジネス情報にダイレクトでアクセスできますし、知りたいことや解決したいことなどから探す「ニーズ検索」で欲しい情報を得ることができます。

また、旅へ出かける前に下調べなどでよく行う「ローカル検索」は、地域名とサービス名を組み合わせて検索をしますが、地域や場所に関連する情報は、お客様からすれば事前に欲しかったビジネスの情報です。

■「ローカルパック」と「ナレッジパネル」

補足です。ニーズ検索をすると、検索結果に地図と同時に表示される店舗の詳細があります。これが「ローカルパック」です。通常、上位三つの店舗が表示され、見込みのお客様は簡単に店舗の情報を確認できるようになっています。

ニーズ検索で表示される「ローカルパック」

これに対して「ナレッジパネル」は、すでに行くところに決めている場合や特定の店、場所・施設などを指名検索した際に、検索結果に表示される情報ボックスのことです。これにより見込みのお客様は検索対象に関する基本情報を一目で確認できるので便利です。

指名検索で表示される「ナレッジパネル」

■ 信憑性が高い情報源をもとに提供できる

　Googleビジネスプロフィールは、ビジネスオーナーとお客様、Googleの三者間で情報を共有する仕組みが特徴です。ビジネスオーナーが自ら登録したビジネス情報に加え、Googleのユーザーが実際に訪れた店舗や利用したサービスの写真や口コミを投稿できます。その率直でリアリティーのある口コミが、見込みのお客様からすると信憑性のある情報源になるわけです。またインターネット上の情報を網羅しているGoogleが編集を行なっていることも信頼性につながります。これらを踏まえた情報提供であれば、見込みのお客様は安心してサービスや商品の購入の判断をしやすくなります。

Googleビジネスプロフィールを運用するデメリット

次に、デメリットです。

Googleビジネルプロフィールを運用していくことを検討する際には、自分のお店やビジネスにとってどのようなメリットがあり、デメリットがあるのかを踏まえ、特にデメリットについては、配慮すべき点に留意してGoogleビジネスプロフィールを自社のビジネスで活用するか否かを判断してください。

■ 誤った情報に編集されたものが提供されているケースがある

誤った情報が提供されてしまうケースがあります。

ビジネスオーナー、お客様、Googleの三者が共有する情報が提供されるので、情報が書き換えられることがあります。基本的にGoogleは管理者であるビジネスオーナーが入力した情報を優先的に反映してくれます（一部Googleにより審査されます）。

誤った情報が出てしまうケースは、ビジネスオーナーが承認されていない場合（不在）におこりがちです。お客様からの古い情報が残されたままであったり、Googleがインターネット上の情報から集めただけで、誤った情報が提供されることもありうるわけです。ですので、後述しますがNAPOの統一が重要になります。

■ お客様からの低評価や苦情型の口コミがつく可能性がある

実際に利用してくださったお客様から、低評価や苦情型の口コミが投稿されるケースもあります。なのでGoogleビジネスプロフィールの運用を始めたことで、評判が損なわれる可能性もないわけではありません。しかしそれはあくまで利用した人の主観的な感想の投稿です。こちらが誠心誠意で行っているのであればその後に良い口コミが増えてくるので、落ち込む必要はありません。時には気に入らない口コミ投稿や評価をいただくかもしれませんが、見込みのお客様にとっては、

このような情報も含まれていることが、信憑性を高め、検討する上で役立つといった側面もあります。

■ 上位表示をするための施策に取り組む必要がある

　見込みのお客様が検索した時に、検索結果として表示される店舗の上位に常に入るためには、継続的な投稿や情報の更新などの対策は欠かせません。

　アカウントを作るときに登録した情報に変化があれば、基本情報に加筆・修正をしてください。その後に投稿する写真や動画などのコンテンツの撮影や制作、口コミへの返信などは、時間を割いて優先的に取り組む必要があります。

CHAPTER-2 押さえておきたいGoogleビジネスプロフィールの基礎知識

Googleビジネスプロフィールでできること

SECTION 03

見込みのお客様にとってGoogleビジネスプロフィールで提供されているビジネス情報は、購入や来店を決める際の判断材料として着目されています。

自社の行っているビジネスをGoogleマップに表示できる

　Googleビジネスプロフィールを運用するということは、Googleマップのなかに自社が行っている店舗や会社を表示できるということです。Googleマップは、国内で最も使われている地図アプリですから、そこに自分の店舗が表示されれば必然的に露出が増えることにつながり、人の目に触れる機会も多くなります。

Google マップの中にピンで表示され、Googleコンテンツのひとつになれる

43

Googleビジネスプロフィールの運用を始めると、Googleマップの地図に、あなたの店舗や会社の所在地にピンがたち、Googleユーザーがつけた評価が星の数や数字で示されます。マップですから、現在地からの経路も、徒歩・車・公共交通機関などのそれぞれのルートと所要時間が表示されるのも特徴です。Googleビジネスプロフィールを活用すれば、どんな小さな店舗でも、また3Fや8Fなど現地の通りがかりなどではなかなか認知されにくい会社でも、Googleマップの中に表示されることで、自社の存在を事前に知ってもらえることになり、一般的に不利な立地でも集客できる可能性が高まります。

店舗内の雰囲気を伝えられる

見込みのお客様は、視覚的要素による選択が強い傾向です。先ほども伝えたように、ドアが閉まっている小売店や個人商店などは、店内の様子がわからないと足を踏み入れづらいものですが、あらかじめ写真や動画などがGoogleビジネスプロフィールのビジネス情報として公開されていたら、店舗内の様子がわかり、店内に入るときのイメージが湧きますので、お客様にとっては「来店した際の仮の自分」や「どんな体験が待っていそうか」など自己投影できますので、来店促進にもつながります。

自社の商品・サービスなど魅力を伝えられる

店舗内の写真・動画などと同様に、取り扱う商品・サービス、メニュー表、スタッフの紹介なども写真や動画などを使って視覚で伝えられると、文字で伝えるよりも情報量が多く届けられることから自社の魅力が伝わりやすくなります。特に飲食店の場合には、来店の前に料理の写真で「美味しそうだな」と一度味わってから来店するといった、いわゆる「味わう前に味わう」流れになりますので、提供している料

理の写真は重要な要素になります。

　Googleビジネスプロフィールは、扱うビジネスによって管理画面が若干異なります。例えば、小売業であれば「商品」の編集・登録、サービス業であれば「サービス」を編集・登録、飲食店であれば「メニュー」を編集・登録というような項目を活用し集客につなげていきます。

■ 視覚化も言語化も大事

　視覚化とともに、店舗やビジネスについての魅力や差別化できる点を言語化しておくことが大切です。あなたのお店やビジネスの売りは何ですか。自社の売りの言語化を行うことによって見込みのお客様が何かのニーズで探したときに、関連性で紐付けされ、思わぬタイミングで見込みのお客様に表示されるケースもあります。露出が上がれば上がるだけ集客に結びつくチャンスが巡ってくるわけですので、自社の売りなどを整理してお客様に伝わるよう言語化しておきましょう。

洋食屋みさくぼ①

洋食屋みさくぼ②

タイムリーな情報発信ができる

　Googleビジネスプロフィールでは、見込みのお客様に向けてタイムリーな情報発信ができます。最新情報を更新、クーポン（特典）の発行、イベントの開催予定、の三つの機能を付帯していて、お客様の欲しいと思っている情報を提供することが可能です。

クーポン（特典）

46

またタイムリーな配信を定期的に継続的に行うことで、Googleから積極的にビジネスに取り組んでいると認識される傾向にあり、Googleマップの下に表示される店舗やビジネスが上位表示につながりやすくなると言われていますので、相乗効果が期待できます。

イベント

口コミでお客様とのコミュニケーションが取れる

　Googleビジネスプロフィールの口コミ欄では、お客様が寄せてくれた口コミ投稿にビジネスオーナーから返信できます。リアルな利用者の声がいただけて、なおかつ双方の間でコミュニケーションが取れるため利用者とのエンゲージメントの向上にもつながるといったビジネスにおいては大変貴重な機会です。

　シンプルに口コミの数は多いほうが好ましいのですが、その理由はすでに第1章「1-3.今Googleビジネスプロフィールをオススメする理由」でも伝えたように、口コミされた投稿内容がニーズ検索した時に関連性で紐づけられてビジネスが表示される傾向にありますので、ユーザーの目に留まるチャンスが多くなるからです。

　また、その店舗を来訪するかどうかと悩んでいる見込みのお客様は、

口コミに投稿されている利用者の声はもちろんですが、その口コミに返信するビジネスオーナーからの投稿内容にも注目していることは覚えておいてください。

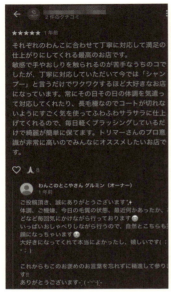

Googleビジネスプロフィールの口コミと返信①

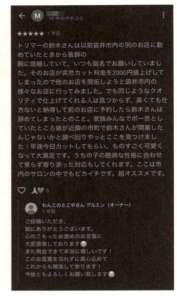

Googleビジネスプロフィールの口コミと返信②

PDCAを回して集客力を高められる

　Googleビジネスプロフィールでは、アクセスの解析（パフォーマンス分析）ができます。どのくらいの人数や回数のアクセスがあるのか、Googleビジネスプロフィールのビジネス情報を経由した人たちがどのような行動をとっているのか、見込みのお客様はどのようなニーズで検索してあなたの提供しているビジネス情報にたどり着いたのか、などが分かりますので、PDCAサイクルを回しながら集客力の向上につなげられます。

ローカル集客の強化につながる

　すでにお伝えしているとおり、Googleビジネスプロフィールとホームページの合わせ技で考えた方が集客力は上がっていきます。基本的にホームページはある程度、お店の候補を絞り込んだときに詳しく調べる傾向にありますが、ローカル検索を主力とするGoogleビジネスプロフィールは、お客様にとって「近場でどんなお店があるか」といった候補を絞る前の状態でリーチできるため自社のホームページよりも目に触れる機会が多くなります。そのため、まずはGoogleビジネスプロフィールで認知していただき、さらに詳しい情報を補完するといった相互関係を構築しておくことにより、集客力が高まっていきます。その他、ホームページの掲載順位（SEO）もMEO対策に加味されることからも、できれば合わせ技で備えておきましょう。

ホームページ

Googleビジネスプロフィール

お客様に見つけてもらえる

　ビジネスを始めたばかりでまだ安定したお客様の数がいない時は、集客をどのようにしていけばいいのか、相当に悩みます。しかしGoogleビジネスプロフィールで見込みのお客様へのプロモーションを始められれば、ダイレクトにアピールができます。Google検索やGoogleマップ検索からたどり着いてもらえる可能性が高いので、ビジネスの初期段階から新規顧客の獲得につながる確率が高くなります。

CHAPTER-3　Googleビジネスプロフィールを開設しよう

Googleビジネスプロフィールを開設しよう

3

SECTION
01

Googleビジネスプロフィールの開設には、Googleアカウントが必要です。店舗やビジネスで使用する専用のGoogleアカウントを取得しましょう。

Googleアカウントを開設する

　ここからは運用に向けてGoogleビジネスプロフィールのアカウント開設の手順についてです。

　Googleビジネスプロフィールの開設には、Googleアカウントが必要です。Googleアカウントを作成すると、Gmailアドレスも自動的に作成されますが、すでに個人でGoogleのアカウントを持っている人も、Googleビジネスプロフィールで活用をするためにGoogleアカウントを開設してください。店舗やビジネスで使用するための専用Googleアカウントを取得することが望ましいです。

　では早速ですが、これから店舗やビジネス専用のGoogleアカウントを取得する人のために、実際の登録項目の内容を確認しながら進めていきます。

■ Googleアカウントの取得

　Googleアカウントの取得をしていきましょう。パソコンまたはスマホで「Googleアカウント」を検索し、表示されたものに遷移するか、下記に記載するURLへアクセスしてください。URLとQRコードを載せておきます。

Googleアカウント

https://www.google.com/intl/ja/account/about/

52

アクセスすると次の画面が出ます。

パソコン画面

スマホ画面

　パソコンの画面で進めていきますが、右上にある二つのボタンから左の「アカウントを作成する」を選び、次のページへ進むと「アカウントを作成」の画面になります。

[図: Googleアカウントを作成する 名前入力画面]

アカウントを作成

　ここで姓名を入力します。「姓」は省略し「名前」に店舗名を入れます。店舗やビジネス専用のGoogleアカウントですので、ここはあなた個人の名前ではなく、あなたがオーナーである店舗の名前を記載してください。記載したら「次へ」のボタンで進みます。
　すると「基本情報」の画面になり、ここでは生年月日と性別を記入します。

基本情報（生年月日、性別）

　生年月日、性別の欄には、オーナーであるあなたの情報を入力してください。生年月日は、店舗の開業日ではなくあなたの生年月日です。記載したら「次へ」のボタンで進みます。すると「Gmailアドレスの選択」の画面になります。

Gmailアドレスの選択の画面

　メールアドレスは3つから選択ができます。上から2つはGoogleから提案されたアドレスです。店舗で使うGmailアドレスは、店舗の名前を反映させたものが一般的ですから、もし提案されたアドレスが2つとも適切でないものであったり、気に入らなかったりするようであれば、3つ目の欄にある「自分でGmailアドレスを作成」を選んでください。名は体を表すといわれることを留意して、自分でGmailのアドレスを作成していきましょう。選択が完了したら「次へ」のボタンで進みます。

　すると「安全なパスワードの作成」の画面になります。

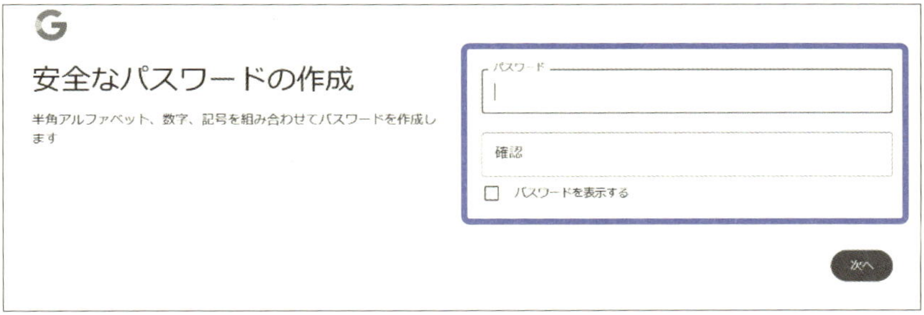

安全なパスワードの作成

　パスワードは指示されるルールに基づき、半角アルファベットと数字・記号を組み合わせたものを設定します。パスワードの設定ができたら「次へ」のボタンで進みます。

55

その後、「ロボットでないかの証明をします」の画面でSMSを利用して電話番号の確認をする画面を挟み「次へ」のボタンで進みます。
　すると「再設定用のメールアドレスの追加」の画面になります。

再設定用のメールアドレスの追加

　「アカウントで通常と異なるアクティビティが検出された場合やアカウントにアクセスできなくなった場合にGoogleからの通知を受け取るメールアドレスです」とあるように、簡単に言えば何かあったときやパスワードを忘れてアカウントに入れなくなった時などのためのメールアドレスです。スキップをして後で設定もできますが、設定しておくといざという時のために役立ちますのでここで再設定用のメールアドレスを追加しておきましょう。
　すると「アカウント情報の確認」の画面になります。

アカウント情報の確認

56

先ほど「基本情報」で入力した名前がGoogleアカウントとして反映されました。

　この後、プライバシーポリシーの利用規約の画面になります。ページ下までスクロールをして確認をしていただいたあと「同意する」のボタンを選びます。これでGoogleアカウントは完成です。Googleのアカウント開設が完了し、Gmailアドレスが取得できました。

CHAPTER-3　Googleビジネスプロフィールを開設しよう

Googleビジネスプロフィールを作成しよう

SECTION
02

Googleアカウントを取得してGoogleビジネスプロフィールを開設していきます。基本情報や特徴など、ビジネスの情報を登録・編集していきましょう。

Googleビジネスプロフィールの管理画面にログインする

　では次に、先ほど店舗・ビジネス用に取得したGoogleアカウントを活用して、Googleビジネスプロフィールを開設していきます。大まかな流れは、あなたの店舗・ビジネスの基本情報を登録後、オーナー確認を行います。

　まずは「Googleビジネスプロフィール」と検索、または下記URLを入力してください。

https://www.google.com/intl/ja_jp/business/

　Googleビジネスプロフィールのトップ画面から、右上の「管理を開始」をクリックします。

その後、店舗用のGmailアドレスを入力し、次の画面でパスワードを入力します。

ビジネス名を入力する

ビジネス名を入力します。ビジネス名は正確なビジネス名を入力してください。正確なビジネス名とは、実際のビジネスで一貫して使用し看板やビジネスレターなどで使用し、お客様に認知されている実際のビジネス名称（店名や会社名）です。その入力したビジネス名がGoogleビジネスプロフィールに反映されます。

気をつけていただきたいのが、ビジネス名に地名やキャッチコピー

などの付け加えはガイドラインの違反となり、アカウントが使用できなくなる可能性もあります。例えば、正式名称は「森山居酒屋」なのに「静岡の森山居酒屋」や「全室個室の森山居酒屋」などをビジネス名にしてしまうケースです。「個室」「駅徒歩1分」などの情報を入れて、クリックや来店を促すのは、ガイドラインに抵触してしまうのでここは注意を払ってください。もちろん、そもそも正式名称が「静岡の森山居酒屋」や「全室個室の森山居酒屋」であれば問題はありません。

　Googleビジネスプロフィールのサポートページには、ビジネス名の例として名前に含めてはならない情報の可・不可が一覧になっています。ビジネス名に含めることができる情報とできない情報について、詳細に確認できます。

ビジネス名の例

以下の例では、「不可」の欄に示すような名称は許可されません。

名前に含めてはならない情報:	不可:	可能:
マーケティング タグライン	・グーグル銀行、日本一便利な銀行 ・グーグル薬品 気合いだ！	・グーグル銀行 ・グーグル薬品
店舗コード	・UPS ストア - 2872	・UPS ストア
商標または登録商標のマーク	・バーガーキング®	・バーガーキング
すべて大文字の単語	・SUBWAY	・Subway、KFC、IHOP、JCPenney
営業時間の情報	・ベストピザ 24 時間営業 ・グーグル アウトレット（営業時間外）	・ベストピザ ・グーグル アウトレット
電話番号またはウェブサイトの URL	・エアポート ダイレクト 0120-123-1111 ・Google.com	・エアポート ダイレクト ・1-800-Got-Junk ・Google

ビジネスの種類を選択する

ビジネスの種類を選択してください

「株式会社●プロモーション」に該当するものをすべて選択してください

オンライン小売店
ユーザーはウェブサイトから商品を購入できる □

店舗
ユーザーは実店舗に来店できる ☑

非店舗型ビジネス
ユーザーにサービス提供または商品の宅配をできる対象地域がある □

次へ

　ビジネス名の入力ができたら、次はビジネスの種類を選択します。「ビジネスの種類を選択してください」と画面に表示されますので、あなたの店舗やビジネスで該当するものを3つの選択肢から選びます。

　3つの選択肢について上から解説していくと、「オンライン小売店」はお客様がウェブサイトから商品の購入ができるビジネス。「店舗」は実在する店舗・商店があり、お客様が実際に来店できるビジネス。「非店舗ビジネス」はお客様にサービスの提供ができる、または商品の宅配ができる対象地域があるビジネスです。

　本書を読んでくださっている人は、「店舗」に該当する人が多いのではないでしょうか。

ビジネスのカテゴリを入力する

　次にカテゴリの入力をしていきます。「ビジネスのカテゴリを選択してください」と表示されますので、ここではメインカテゴリを選びます（後から変更または追加できます）。

61

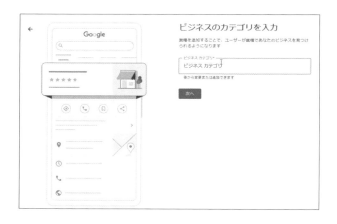

　あなたの店舗やビジネスの業種業態を文字で記入してください。ビジネスの大枠を表現している業種業態を記入すると、下に候補がいくつか出てきます。その中から最もふさわしい、または類似してるものを選択して反映させます。

　例えば「フィットネス」と入力をすると「フィットネスルーム」「フィットネスクラブ」などGoogleから提案されたフィットネスに続くワードが下部に出てきますので、その中から選んでください。独自に「フィットネスパーソナルスポーツジム」のように入力しても反映されないので注意しておきましょう。

　続いて、追加のカテゴリ（以降はサブカテゴリと表記する）を入力します。ここで入力できるのは最大9つまでのサブカテゴリです。関連性の高いものを入れてください。関連性の薄いものを入れてしまうと、パフォーマンスは下がってしまいます。例えば居酒屋を経営しているのに、サブカテゴリで「マッサージ」「足湯」を選んだら関係性は薄いですからあくまで関連性のあるものを選んでいくようにしましょう。

　サブカテゴリ9つすべてを無理に入力する必要はありません。実際に店舗やビジネスに関連性のあるものだけで十分です。

　ここもメインカテゴリと同様にサブカテゴリの大枠のキーワードだ

けを入力してください。Googleから提案されるワードがいくつか出てきますので、そのなかから近いものを選びます。

会社の住所を入力する

次に会社（店舗）の住所を入力します。詳細は後述しますので、入力後、次へ進んでください。

連絡先の詳細を入力する

次に、ユーザーに表示する連絡先（電話番号・ウェブサイト）を入力してください。ウェブサイトの入力は省略できます。詳細は後述します。

その他を入力する

次に、該当する項目にチェックを入れ、利用規約・プライバシーポリシーに同意後、続行を押してください。

サービスを追加する

次に、「サービスを追加」の画面が表示されます。後でも追加できますので、この時点ではスキップしていただいても構いません。サービスの詳細は後述します。

営業時間を追加する

次に、「営業時間を追加」の画面が表示されます。後でも編集できますので、この時点ではスキップしていただいても構いません。営業時間の追加方法の詳細は後述します。

ビジネスの説明を追加する

次に、「ビジネスの説明を追加」の画面が表示されます。後でも編集できますので、この時点ではスキップしていただいても構いません。ビジネス説明の追加方法の詳細は後述します。

ビジネスの写真を追加する

次に、「ビジネスの写真を追加」の画面が表示されます。後で追加できますので、この時点ではスキップしていただいても構いません。ビジネス写真の追加方法の詳細は後述します。

Googleの提供する他サービスのオファー

次に、「広告を掲載する」といった有料広告の案内画面が表示されます。広告については第8章で触れます。開設の際にはスキップしてお

いて、検討するのはあとからで構いません。

その他、Googleは、ビジネス用メール、ビデオ会議、クラウドストレージ、ファイル共有など、サービスをいくつも提供しています。その際に使えるカスタムドメイン名とカスタムメールアドレスの取得をとるように勧められます。開設の際はスキップしておいて、検討するのあとからで構いません。

次に、「編集内容は確認手続きが完了すると表示されます」といった画面が表示されますので、続行のボタン押してください。その後、左上のプロフィールを編集ボタンを押していただくと、その他のビジネス情報の登録・編集等ができます。

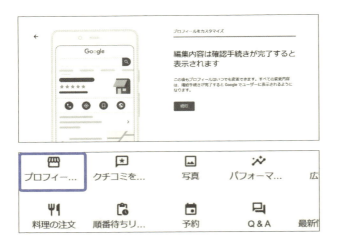

ビジネスの説明を追加する

　続いてビジネスの説明文の入力をします。あなたの店舗やビジネスについて簡単な説明や紹介ができる欄で、編集は繰り返し可能です。

　最大750文字まで入力可能ですが、最初に表示されるのは200～220文字程度になります。その先の全ての文章を読むには「もっと見る」で進まなければなりません。説明の前半に見込みのお客様にアピールしたいことを記載しておくと効果的です。

　内容は、ガイドラインにあるとおり、営業形態・魅力・売り・特徴、提供している商品やサービス、独自のセールスポイント、ビジネスの紹介や由来・歴史などを記載しておきましょう。なお、URLやHTMLコードは載せられません。また絵文字や記号などはGoogleからすると意味不明なコンテンツと捉えられる可能性があります。特別キャンペー

ン、特別料金割引、特典などを過度に強調するコンテンツ、例えば「すべて50%引き」「地元で人気１番のベーグルが500円！」などのフレーズは使用できません。ガイドラインに違反すると、アカウントが停止され利用できなくなります。

磯料理 みなと家 による説明

"焼津市大井川の本格磯料理店のみなと家です。（土日祝の宴会等のご予約承っております）焼津市大井川港を目前に名産のしらす・桜えび・うなぎなど地魚・旬魚をはじめとした新鮮な旬の味覚をお楽しみください。黒潮踊る遠州灘、様々な名川を集める駿河湾そこで生まれた新鮮・多彩な海の幸。上質な素材を選りすぐる目とその味覚を活かした自慢の腕前で皆様のお席までお届けいたします。…

開業日を入力する

　店舗の開業日を入力します。昔からある老舗はある意味安心してもらいやすい傾向もありますので、見込みのお客様があなたの店舗やビジネスの信頼度を上げていくための一つの目安にしていると考えてください。

　開業前の店舗やビジネスの場合には、開業日を入力しておくことで、３ヶ月前からローカル検索の結果に表示される対象になります。これから開業する人もまずはGoogleビジネスプロフィールのアカウントをとり、開業日の入力をしておきましょう。開業日を入力していないと開業前にも関わらず、営業中と表示されてしまいますので、注意していくください。

開業日
この住所で開業した日付または開業する日付を入力します。 詳細

年*	月*	日
必須	必須	

保存　キャンセル

それから、補足ですがこれから開業する人は未来の開業日を入力してから、オーナー確認を行ってください。オーナー確認後に未来の開業日を入力すると、アカウント停止になる場合がありますので、開業前の方は先に開業日を入力しその後オーナー確認を行うようにしてください。

電話番号の入力する

　電話番号は３つまで登録できます。基本は、電話番号１がユーザーに表示されます。非表示の選択も可能です。ただ、すでにあなたの店舗の電話番号が反映されているケースがありますので確認してください。

ウェブサイトの入力をする

　ウェブサイトのURLは、あくまで自社ホームページを入力してください。省略は可能です。

ソーシャルプロフィールの入力をする

　ソーシャルプロフィールは、あなたの店舗やビジネスで運用しているSNSアカウントの情報についてです。SNSのアカウントを入力してください。2024年10月現在で入力できるのは、Facebook、Instagram、LinkedIn、Pinterest、TikTok、X、YouTube7種類です。SNSの連携により相乗効果が生まれて露出や拡散が増す可能性もあります。新しいSNSが登場すると入力項目が更新されることもありますので、随時確認をしておきましょう。

70

所在地とエリアの入力をする

　次にあなたの店舗やビジネス拠点の所在地を入力します。正式な所在地を正確に記入してください。建物やビルの名前なども確実に記載していきましょう。漢字なのかひらがな、もしくはカタカナ表記なのか、また建物の階数の表記も「3F」や「三階」「3階」とありますから、できる限りあらかじめ決めた表記で正式な所在地を記入します。

　所在地を入力すると、Googleマップにピンが立ちます。この位置がたまにずれてるときがありますので、所在地を入力したらGoogleマップも確認してください。店舗の中央の場所にピンは揃えておきましょう。

■ 正式な店名、所在地、電話番号、営業時間を定めよう

　ビジネス情報の表記を統一することを「NAPOの統一」といいます。Googleビジネスプロフィールをはじめ、ホームページやSNSなど各種メディアで統一されていることで、検索エンジンがあなたの店舗やビジネスを認識しやすくなります。結果、検索された際に上位に表示されやすくなり、集客につながりやすくなります。その意味で、店舗名やビジネス名、所在地、電話番号、営業時間の表記は、正式なものを一つ定めておくことをお勧めしています。例えば実際に営業時間などの情報がメディアによって異なっていると、お客様は「どれが本当の情報なのか」と混乱を招いてしまいますので、注意してください。

　「NAPOの統一」のNはName（店舗名・ビジネス名）、AはAddress（所在地）、PはPhone（電話番号）、OはOperating Hours（営業時間）です。それぞれの頭文字をとっています。

「サービス提供の地域」の入力をする

　所在地は入力をしなくてもGoogleビジネスプロフィールの開設は可能です。しかし、検索をされてあなたの店舗が該当するようなケースであっても検索結果として表示される確率は極めて低くなってしまいます。

　なお、訪問や出張をするサービスや非店舗型ビジネスも、Googleビジネスプロフィールの開設は問題なくできます。非店舗型や商品を配達するビジネス、訪問出張サービスの場合には、所在地は空欄にして「サービス提供地域」にエリアを入力して対応します。

　サービス提供地域の地名は、最大20ヶ所の指定が可能です。Googleのガイドラインにはクルマで２時間程度の範囲（エリア）に収めることが目安となっています。

　このサービス提供地域の入力は、基本として商品配達や店舗のないビジネスや訪問・出張サービスを提供するビジネスを行なっている人向けですが、例えば自宅サロンなどの場合、自宅の住所を公開したくないケースの場合には、所在地には住所を入れず「ユーザーにビジネスの住所を表示する」をオフにして「サービス提供地域」のみを入力します。このようにするとビジネス所在地である自宅サロンの住所を公開せずにGoogleビジネスプロフィールを開設することが可能です。ただし、デメリットとしては、住所を非表示にすることで、ローカル検索で上位表示されづらくなりますので、その点は留意してください。

　まとめると、実在する店舗でビジネスをしている場合には、「ビジネスの所在地」を入力してください。この場合は「サービス提供の地域」は空欄です。接客している実店舗がなく、出張先や訪問先でサービスを提供している場合には、「ビジネスの所在地」は空欄で「サービス提供の地域」のみ入力してください。また、実在する店舗で商品販売やサービスを提供し、なおかつ配達や訪問サービスも行なっているという場合には、「ビジネスの所在地」と「サービス提供の地域」の両方を

入力してください。

　自分のビジネスがそのケースに該当するのかを確認し、使い分けていきましょう。

営業時間を入力する

　続いて営業時間の入力です。店舗やビジネスの営業時間を記載してください。決まった時間で営業している場合は、正確な営業時間を入力します。曜日ごとにも設定が可能です。「決まった時間で営業」なのか、特に定めた営業時間はない、もしくは営業時間を表示したくない場合には「営業時間不定」を選択できます。定休日の設定もしてください。

　ランチタイム営業後に休憩を入れている飲食店がよくありますが、その場合には「昼の営業時間帯」を入力し、営業時間を追加して「夜の営業時間帯」を入力します。例えば11時から14時までランチタイム営業をして、14時から17時まで休憩、17時から20時まで営業するケースなどはこれを参考に設定を行なってください。一日に複数の営業時間を設定できます。

　また、朝の5時まで深夜営業をしているような営業形態のカラオケ店の場合、深夜0時超えると翌日に入ってしまいます。この場合には、

深夜０時から５時までは翌日の営業時間として設定します。あくまで１日の単位は23時59分ですので、深夜営業でビジネスをしている場合には忘れずに設定をしておきましょう。

　営業時間は、正確に入力しておくことが大切です。せっかく来店していただいても営業していなかったとなれば、クレームやトラブルにもなりかねませんので、営業時間の情報は、ホームページもSNSも全て統一しておきましょう。

```
営業時間
主な営業時間を設定するか、臨時休業または閉業を選択してください。 詳細

◉  決まった営業時間で営業している
    営業時間を表示する

○  営業時間不定で営業している
    営業時間を表示しない

○  臨時休業
    将来的に営業を再開することを表示する

○  閉業
    ビジネスが存在しないことを表示する

日曜日        開始時間            終了時間
□  定休日     11:00             14:00           ＋

            開始時間            終了時間
            17:00             20:30           🗑

月曜日        開始時間            終了時間
□  定休日     11:00             14:00           ＋

            開始時間            終了時間
            17:00             20:30           🗑
```

特別営業時間を入力する

　「特別営業時間」というのは、暦で祝日になっている日の営業時間のことです。Googleビジネスプロフィールの特別営業時間の管理画面では２〜３ヶ月先まで自動的に表示されますので、祝日ごとに営業時間帯を入力しておきます。

特にゴールデンウィークやお盆休み、年末年始などは祝日が連鎖的に該当します。休業する日、時間を短縮や拡大して営業している場合にも実際の営業時間を記入してください。

　店舗に到着して「都合によりお休み」の張り紙を見つけた時のお客様の残念な気持ちを考えて、事前にお客様にお知らせしておくことがウェブ上の接客向上につながります。

　また暦上の祝日以外に設ける独自の休業日については「日付を追加」のボタンで設定します。

特別営業時間
祝休日の営業時間を追加して、お店のオープン時間をユーザーに知らせましょう。詳細

2025/01/09
☑ 休業　　　　　　　🗑

成人の日
2025/01/13　　　　開始時間 11:00　終了時間 14:00　︙
☐ 休業
　　　　　　　　　　開始時間 17:00　終了時間 20:30　🗑

2025/01/14　　　　開始時間 11:00　終了時間 14:00　︙
☐ 休業

　気をつけていただきたいのが、祝日も平日と変わらずに営業してる場合です。Googleビジネスプロフィールでは、必ず祝日については特別営業の表示になります。祝日でも変わらず通常営業をしているのに、特別営業時間の入力をしておかないと、お客様には「営業時間が異なる可能性があります」と表示されてしまいます。営業しているのに「今日は休業かもしれない」と思われてしまえば機会損失です。祝日は、「休業」でも「通常営業」でも必ず特別営業時間を設定するようにしておきましょう。

■「他の営業時間」の入力方法は？

業種によって管理画面が異なるのが「他の営業時間」の入力画面です。ある飲食店の管理画面を参考例にすると、オンラインサービス、ハッピーアワー、朝食、ディナー、ドライブスルー、宅配などが「他の営業時間帯」の要素として提案されます。実際に提供しているもので該当している項目を選び、曜日と時間帯の入力を行なってください。例えば、ドライブスルーの営業は何時から何時まで行っていますなど、詳細に設定をして、見込みのお客様に知らせることができます。色々と選べる項目があるので対象になるものは選んでおきましょう。

他の営業時間を追加

+ オンライン サービスの提供時間　　+ ディナー　　+ ドライブスルー

+ ハッピーアワー　　+ ブランチ　　+ ランチ　　+ 入店可能時間　　+ 宅配

+ 朝食　　+ 注文可能時間　　+ 高齢者限定時間帯

テイクアウト ✎

日曜日	11:00-14:00
	17:00-20:30
月曜日	11:00-14:00
	17:00-20:30
火曜日	11:00-14:00
	17:00-20:30
水曜日	未設定
木曜日	11:00-14:00
	17:00-20:30
金曜日	11:00-14:00
	17:00-20:30
土曜日	11:00-14:00
	17:00-20:30

「その他の設定」の入力をする

■ ビジネス所有者提供情報

あなたの店舗やビジネスについて、ここまでで入力する機会のなか

ったその他の情報についてです。意外なことに、このような情報もお客様の求めているものがヒットすることがありますので、該当するようであれば希少でもコアなニーズで見つけてもらえる可能性があります。

■ 決済方法

　あなたの店舗やビジネスでできる決済方法を入力します。選べる決済方法は、au PAY、d払い、NFCモバイル決済、PayPay、Vマネー、クレジットカードなどの使用を「はい・いいえ」から選択します。

```
決済方法
お客様のビジネスについて紹介する属性をビジネス プロフィールに追加しましょう。こうした情報
は Google 検索や Google マップなどの Google サービスに公開される場合があります。 詳細

au PAY で支払い可          [はい]  [いいえ]

d払いで支払い可            [はい]  [いいえ]

NFC モバイル決済可         [はい]  [いいえ]

PayPay で支払い可          [はい]  [いいえ]

Vマネーで支払い可          [はい]  [いいえ]

クレジットカード使用可      [✓ はい]  [いいえ]
```

■ その他決済情報の入力

　管理画面の設定項目は業種内容によって表示されるものが異なりますので、主要な項目のみをあげて解説をしていきます。本書に紹介されていないものに関しては、画面の指示通りに進めてください。

　例えば飲食店の場合、「サービス」の項目ではアルコールの提供の有無、コーヒー提供の有無、サラダバーの有無などが問われます。「サービスオプション」の項目では、テラス席の有無、テイクアウトOKの有無、宅配の可不可、「バリアフリー」項目では、身障者用のトイレの有無、座席、「ペット」の項目では屋内屋外での同伴の可不可、「子供」

の項目ではキッズメニューの有無、子供用椅子の有無、「特徴」の項目では、スポーツ観戦向きなのか、飲み放題はあるのか、生演奏はあるのか、「設備」ではWi-Fi環境の有無、禁煙、喫煙、「駐車場」の項目では、無料駐車場併設の有無などです。ここに挙げたのは一部の例ですが、丁寧に答えていくとかなり詳細なところまで情報を登録しておくことができます。

■ 予約

予約リンクを挿入して成約までの導線を作っておきましょう。

予約は、管理ページの「予約」のボタンから入ります。その後、表示される画面は業種によって異なりますが、飲食業系の場合には「おすすめの予約ボタン」と「オンライン予約ツールへのリンク」の2つが画面に表示されることがほとんどです。

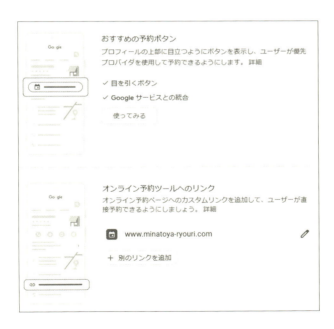

「おすすめの予約ボタン」はGoogleが有料で提供している予約サー

ビスへの連携です。ここでは、無料で使える「オンライン予約ツールへのリンク」について触れておきます。この欄にURLを貼ることであなたの店舗やビジネスで使っている予約ツールへの連携を可能にします。複数URLを乗せたい場合には、優先するリンクを選んでください。

　ここまでGoogleビジネスプロフィールの開設にあたり、入力する項目について解説してきました。必須事項は致し方ないにしてもほとんどのことはスキップできますので、まずは現時点でわかること、記載できることから入力して、Googleビジネスプロフィールを開設して運用を開始していきましょう。

■ オーナー確認を行う

　その後、Googleビジネスプロフィールの管理画面にログインできます。入力してきたビジネス情報は、まだユーザーには公開されていない旨が表示されます。オーナーの確認の手続きをするので「オーナー確認を行う」のボタンをタップしてください。

　Googleがあなたをオーナーとして確認するにあたり、電話や動画などオーナー確認の方法が表示されますので、画面の指示に従って確認を行ってください。

　オーナーとしての確認が取れると、あなたはGoogleからビジネスのオーナーとして承認され、自社・自店舗のGoogleビジネスプロフィールがユーザーに公開され、管理できるようになります。オーナー確認の詳細は後述します。

CHAPTER-3　Googleビジネスプロフィールを開設しよう

SECTION
03

Googleビジネスプロフィールを公開しよう

Googleビジネスプロフィールが開設できたら、いよいよインターネット上に公開です。ビジネスのオーナーであることをGoogleに承認してもらいます。

オーナー確認を行う

　ビジネスのオーナー確認方法は業種業態により異なりますが、主に動画の録画、電話またはテキストメッセージによる確認のほか、メールアドレス、ハガキなどによる確認方法があります。

　このオーナー確認の方法は、Googleのシステムによって自動的に決定されるため、表示されたオーナー確認の手法から画面の指示に従って進めてください。電話やテキストメッセージ（ショートメッセージ）の場合、確認コードが送られてくるので、その確認コードを入力すると、オーナー確認が完了となります。

　詳細はこちらの公式サイトからご確認ください。

https://support.google.com/business/answer/7107242?hl=ja

■ オーナー確認方法の補足

次のようなケースもありますので紹介しておきます。

「このビジネスのオーナーですか？」と表示された場合

Googleマップ内で自社のお店やビジネスの名前を検索すると、ビジネスプロフィール内に「このビジネスのオーナーですか？」と表示される場合があります。

この場合、あなたのお店やビジネスは既にGoogleマップ上に登録されていますが、オーナー確認は済んでいない状態となります。「このビジネスのオーナーですか？」を押し、画面の指示に従ってオーナー確認の手続きを進めてください（Googleアカウントにログインしていない場合は、事前に店舗・ビジネス用のログインアカウントを選択した上で行ってください）。

また、この際にGoogleマップ内に自社のお店やビジネスが表示されており、「このビジネスのオーナーですか？」の表示がない場合は、すでにオーナー登録は済んでいることを意味します。

予約: minatoya-ryouri.com

情報の修正を提案・このビジネスのオーナーですか？

「ビジネスをすでに登録されていませんか」と表示された場合

あなたの店舗やビジネスの所在地を入力すると、初めてGoogleビジネスプロフィールに登録するにも関わらず「ビジネスをすでに登録されていませんか」と表示されることがあります。

これは、すでにあなたの会社・店舗のGoogleビジネスプロフィールは存在していることを意味します。Googleユーザーやこれまで利用し

てくださったお客様、家族などの身内や関係者によって登録されている場合があります。

ビジネスをすでに登録されていませんか？

Google 検索または Google マップですでにビジネス プロフィールを登録しているようです。お客様のビジネスが以下に表示されている場合は、選択してください。Google がビジネス プロフィールの改善をサポートします。

○　（株）欅プロモーション

○　これは私のビジネスではありません

次へ

このビジネス プロフィールは他のユーザーが管理している可能性があります

「株式会社欅プロモーション」は現在 @gmail.com によって管理されています。

このメールアドレスの所有者である場合は、アカウントを切り替えてください。このメールアドレスにアクセスできない場合は、アカウント復旧のヘルプガイドをご覧ください。

Google に掲載されているこのビジネスの現在の管理者に、引き続きアクセスをリクエストすることもできます。

Google がローカル リスティングの情報を入手、使用する方法の詳細は、hereをご覧ください。

アクセス権限をリクエスト

もし、あなたの店舗やビジネスである場合には、「アクセス権限をリクエスト」を押し、オーナー権限のリクエストを行います。すると、今現在あなたの店舗やビジネスのGoogleビジネスプロフィールを管理している人にリクエストの通知が届きますので、画面の指示に従って進めてください。

　また該当しない場合は「これは私のビジネスではありません」を選択し、画面の指示に従って進めてください。

■ 新規に開業した店舗の場合

　新規に開業したお店のように、まだGoogleマップ上に自社のお店が掲載されていない場合は、Googleマップ内で自社の店舗の所在地を入力し、自社の店舗が掲載されていなければ、「自身のビジネス情報を追加」を押し、お店の追加申請を行い、画面の指示に従ってオーナー確認を進めてください。

CHAPTER-4
Googleビジネスプロフィールの活用のためにやっておいた方がいいこと

CHAPTER-4　Googleビジネスプロフィールの活用のためにやっておいた方がいいこと

Googleビジネスプロフィールのアカウント設計

SECTION 01　競合との差別化を図り、理想のお客様を引き寄せるには、ターゲットを明確にすることが重要です。アカウントの設計で留意したいことをまとめました。

アカウントの設計で留意したい六つのこと

　Googleビジネスプロフィールは、多くの競合も利用しています。本章では、競合の中からあなたの店舗やビジネスが選ばれるために、やっておいた方がいいことについて解説していきます。

　まず、競合他社との間に差をつけるGoogleビジネスプロフィールのアカウントの設計について、留意したい六つのことを挙げておきます。

■ その1　コンセプトを明確にする

　改めて、なぜあなたは今のお店やビジネスを行っているのか、もしくはこれから始めるのか、といった理念や経営方針を確認してみてください。また、目的や目標・存在意義を明らかにする「ミッション」、自分たちは誰のために何のために存在するのかといった「ビジョン」のほか、どのような問題を解決するために存在しているのかといった「バリュー」なども合わせて確認してみてください。いまいちイメージできない場合には、「あなたの原動力となっているものやコト」「あなたを突き動かしているものやコト」「今のあなたを創っているものやコト」などを振り返ってみましょう。

■ その2　独自性を明確にする

　あなたのお店やビジネスの独自性にはどのような要素がありますか。競合他社との違いやお客様から実際に選ばれているポイントなどを確

認してみてください。その他、「あなたのお店と言えば○○」、「○○と言えばあなたのお店」といったブランドカテゴリや、お客様があなたのお店に行く理由は、「○○を求めているから」「○○を期待しているから」など自社の独自性を整理しておきましょう。

■ その3　ターゲットを明確にする

改めて、Googleビジネスプロフィールを運用する前に、自社のターゲットは誰なのかを明確にしておきましょう。商品構成や単価感、営業時間の設定、商品・サービスの提供スタイルなどから、自社の価値基準をベースとした理想のターゲット層を確立します。また誤解を恐れずに言うと、対象とならないお客様の層や価値基準などを整理・線引きすることにより、あなたのお店やビジネスがより一層わかりやすくなり、逆に理想のターゲット層に伝わりやすくなります。

■ その4　商品・サービスの価値を明確にする

あなたの商品・サービスの価値は何になりますか。誰の何の役に立つ商品やサービスですか。BtoB向け、BtoC向けなど、問題解決や利便性の提供を明確にしておいてください。また一般的なマーケティングの指標では、商品の良さや価格などの機能的価値の指標が主力になりますが、誰に相談するか、誰に依頼するか、誰から買うか、といった「あなたから買いたい」と思われるための信頼関係や親密度のような情緒的な要素から見た商品・サービスの価値にも着目していきます。

■ その5　ビジネス情報の表記を明確にする

店舗やビジネスの名前、所在地、電話番号、営業時間などの自社のビジネスの基本情報の表記を統一しておきましょう。これは前章でも伝えたNAPOの統一の観点です。Googleビジネスプロフィールのビジネス情報と公式ホームページ、SNSなどに記載する自社のビジネスの基本情報の表記の統一は意外と侮れない指標になります。

87

■ その6　情報発信・管理体制を明確にする

　Googleビジネスプロフィールを通して集客するために、例えば、「誰がいつ最新情報を更新するのか」「誰がいつ口コミの返信を行い、どのように共有しチェックを行うのか」なども細かいところではありますが計画していきましょう。継続的な情報発信や管理体制は、マーケティングの大切な要素となりますので各種役割分担やルール等はあらかじめ決めておきます。「継続は力なり」という言葉もあるくらいですから、それだけ継続することは簡単なようで難しいのです。徹底した管理体制で情報発信の継続をすることにより、競合との間に徐々に差がつき、差別化されていきます。

　ここまで競合の中から選ばれるために意識したい六つの留意点を挙げました。Googleビジネスプロフィールのアカウント設計においてこれらの施策に積極的に取り組み、ビジネスの信頼性向上と集客力の強化をおこない、競合他社との間に差をつけていきます。

　ここからは競合他社に差をつけるアカウントの設計に取り組むための具体的な考え方についてです。

理想のお客様に来てもらうために

　Google検索をすると、Googleマップが表示されてまずは検索上位３位までのGoogleビジネスプロフィールが表示されます。Googleビジネスプロフィールを運用していく上で、上位トップ３に入ることはとても大切なことですが、実はそれ以上に大切なことは理想のお客様像を設定することです。

　例えば、フィットネスジムに行ってみたいと思ってGoogle検索をしてみたところ、ピンのたったGoogleマップとともに三つのフィットネ

スジムが表示されました。当然、あなたはその三つのフィットネスジムのGoogleビジネスプロフィールを開いてビジネス情報を閲覧し、比較してみました。でもできるだけ自分のニーズや好みの雰囲気のフィットネスジムを見つけたいので、三つのみの閲覧にとどまらず「もっと見る」から、さらに表示されたビジネス情報にも目を通してみて最終的に1件にしぼり、体験を申し込みました。

　この行動を思えば、事実として表示される上位3位に入ることは集客していく上ではとても大事なことですが、その施策に注力するだけではお客様に選んでもらえるわけではないことがわかります。

■ どのようなお客様に、何を、いくらで!?

　あなたが経営している店舗やビジネスにおいて、来てくれたら嬉しい理想のお客様像があるはずです。ビジネスは相思相愛が基本ですからお客様とサービスを提供する側のお互いがハッピーになれることでビジネスは成り立ち、持続していくわけです。あなたのお店やビジネスのターゲットは誰ですか？　または別の言い方をすると、あなたのお店やビジネスで一番喜ばせることができる人は誰ですか？　ぜひこの機会に改めて整理してみてください。もしターゲットがイメージできない場合は、どんな「不」を解消するビジネスなのか？　例えばBtoCであれば「不安」「不満」「不快」「不調」「不便」、BtoBであれば「売上アップ」「経費節約」「生産性向上」などの業績アップのお手伝いというカテゴリで考えてみてください。なぜなら理想のお客様が来て満足してくだされば良い口コミが集まり、それをみてさらに理想のお客様が集まるという、良い循環が出来上がってくるからです。

　どのようなお客様を対象にして、何をいくらでどうやって提供するのかをはっきりさせていきましょう。

　また初めてあなたのお店を訪れるお客様は、自分を受け入れてもらえる店なのか、自分の欲求を満たせる店なのか、悩みを解決できる店なのかなど、買い物に失敗したくないために事前に情報を収集してい

ます。特に初めての買い物体験はあなたが思っている以上にお客様は不安に思っているので丁寧に記載するようにしましょう。

お客様に目を向けることで、差別化はできる

競合他社との差別化とは、ある意味「お客様から選ばれる存在になる」といった表現の方がいいのかもしれません。独自性をもってお客様から選ばれることが、ここでいう差別化の意味になります。

競合として他社を意識する必要はありますが、重要なのは「お客様に選ばれるにはどうしたらいいのか」を検討し、そこに基づいた独自の路線を確立することです。差別化を意識しすぎると、競合他社に目が向きます。しかし他社が理想のお客様になることはありませんし、お金をいただくこともないと考えると、私たちが本当に目を向けなければならないのは、競合ではなく、来ていただきたい理想のお客様になります。

お客様に喜んでいただけて、なおかつこちらも嬉しい。結果としてあなたの店舗やビジネスが差別化されるポイントになることを忘れないでください。

目標の設定をしてPDCAサイクルを回す

Googleビジネスプロフィールは、あくまであなたのビジネスや店舗経営を成功させるための一つの手段です。経営を成功させるためには、集客の最大化、利益の拡大につながるような目標の設定が必須です。そこに基づいたGoogleビジネスプロフィールの運用が要（かなめ）になります。

Googleビジネスプロフィールを運用する目的を確認し、経営を成功させるための目標を明確化するために数値で定めたら、PDCAサイクルを回していきます。目標（P）に対して計画を実施し（D）、成功した

場合にはそのプロセスを標準化し、成功に至らなかった場合は計画の見直しを図り再度サイクルを回していきます（CとA）。

PDCAサイクルは、継続的に改善を目指すフレームワークでよく知られているのものですが、あらためて簡単に整理しておきます。

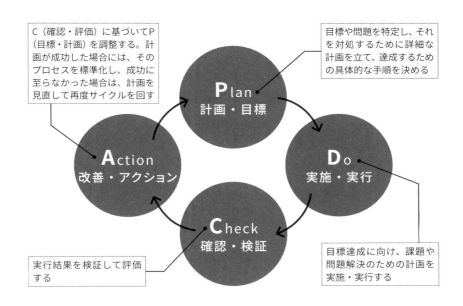

このようにしてPDCAサイクルを回して効果的な策を施し、継続的に改善を行なっていくことで、当然、あなたのビジネスや店舗経営は進化していきます。Googleビジネスプロフィールをより洗練させて効率を上げるため、PDCAを回して継続的に改善を進めていきましょう。

■ 定点観測でPDCAサイクルを回すのが理想

私たちのように店舗やビジネスを行っていると、多くの場合、目標設定は年間単位で考えます。Googleビジネスプロフィールの運用においても、この年間単位の目標設定をもとにして、年次、月次、週次、日次で定点観測をして把握することが理想です。

年次というのは年間の目標です。年次は月次の積み重ねなので、例えば売上で言うと「今月の売上はどうだったのか」という月の取り組み結果を12ヶ月積み重ねたものが年次になります。月次は、週次の積み重ねです。「今週の売り上げはどうだったのか」という1週間の取り組み結果を４週分積み上げたのが月次になります。同じように、週次は日次の積み重ねです。「今日の売上はどうだったのか」という１日の取り組み結果を１週間分積み上げたのが週次になります。

　このように考えれば、結局のところ、毎日の積み重ねが365日分で年次になるわけですが、年次、月次、週次、日次の四つの視点で見ていくことによって、今の自分のビジネスや店舗経営の現在地を確認し、今後の見通しをつけていきます。

　わかりづらいようでしたら、スポーツの練習で考えるとイメージしやすいかもしれません。例えば、スポーツ選手を例にすると、年に一度の大きな大会に出場するために毎日トレーニングを積みかさねていきますが、毎日の仕上がり、週の仕上がり、そして月の仕上がりをチェックして、今の自分の力量や状態を知り、試合で成果を出すための見通しをつけていくのと同じです。

CHAPTER-4 Googleビジネスプロフィールの活用のためにやっておいた方がいいこと

SECTION 02
一緒に構築しておく関連メディア

ホームページやSNSなども構築しておくと視認性が高まります。Googleビジネスプロフィールで集客力をアップさせるための大きなポイントになります。

SNSの構築と運用

近年、ビジネスを行っていて自ら集客をしている人たちに欠かせない集客ツールがSNSの運用です。Instagram、X（旧Twitter）、Facebook、YouTubeなどは無料で活用できますし、お客様層が普段から

Instagram

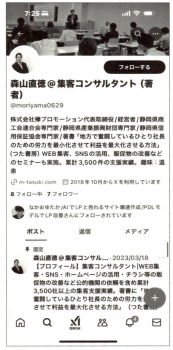

X（旧Twitter）

93

Facebook

YouTube

　SNSを使っている人たちであれば、活用するだけ見込みのお客様との接触機会が増えます。各種SNSの構築をして運用を行うことで認知度は上がることはあっても下がることはありません。当然ですが、Googleビジネスプロフィールを使わない人たちにもリーチできます。

　しかし、自分はGoogleビジネスプロフィールで集客するつもりなのにどうしてSNSを運用するのか、自分には関係ないのではないか、と思う人もいるかもしれません。Googleビジネスプロフィールでの集客を成功させるために、SNSを活用する理由はいくつかありますが、その大きな理由はインターネット上で認知度・視認性の高さ（知名度）を上げるためです。

　このことをサイテーション効果と言いますが、詳細は後述しますのでそちらも参照してください。

自社公式サイトの構築と運用

　前章でも伝えましたが、Googleビジネスプロフィールとともに自社のホームページは開設して運用してください。考え方としてはホームページが本社、Googleビジネスプロフィールはローカルに強いエリアマネージャーのような位置付けです。

　Googleビジネスプロフィールのビジネス情報でそれなりの情報提供はできますが、見込みのお客様というのはもう少し詳しく確認しておきたいと思うと、その先にある自社のホームページを見る傾向があります。その意味で信頼を得てレスポンス率を上げるためにも公式ホームページの整備は大切な要素になります。

　自社の公式ホームページの年間維持費用は、独自ドメインやサーバーレンタル代など年間約2万円から3万円ほどはかかります。制作費については、制作会社に依頼すると15万円を超えるくらいから100万円くらいの幅で制作費が発生すると思ってください。ただ、この時代ですから簡易的なものであれば、無料で作れるテンプレート的なソフトもありますので社内で取り組むのも手です。私が推奨するのは、Jimdo（ジンドゥー）で、他のソフトと比べると初めての方でも比較的わかりやすい作りになっていますので参考にしてみてください。

Jimdo（https://www.jimdo.com/jp/）

求人サイトを整えておく

　今後のビジネス展開や店舗の拡大などを計画している場合には、現時点から求人サイトを整備しておくことをおすすめします。

　特に地方では人材不足が嘆かれる時代です。さらには高齢化で人口減少の時期に突入していますから、働ける人口層も少なくなっているため、あなたのビジネスが大きくなればなるほど欲しい人手が足りなくなる可能性があります。今後、中小企業や小規模事業者も機械化やAIの活用は必須ではありますが、投資費用を考えると限界もありますので、高品質のサービスを提供し続けるためにはやはり人材の確保は非常に重要な課題です。

　Googleビジネスプロフィールは、基本的には新規顧客を増やすことが主体ですが、一方ではあなたの店舗のプロフィールを見て働きたいと思ってくれる人もいないわけではありません。すでに紹介した自社の公式ホームページは一般のお客様向けのページですが、それとは別に、求人サイトも準備しておきましょう。まずは先ほど紹介したJimdo（ジンドゥー）やペライチなどの無料でサイトで作成する程度の簡易的なものでも構いません。

　このような求人戦略は、今はまだ関係がないように思えるかもしれませんが、意外にも今後の展開次第では必ず検討しなくてはならない大切な要素になります。Googleビジネスプロフィールの作成とともに、求人サイトの整備も検討しておきましょう。

CHAPTER-4　Googleビジネスプロフィールの活用のためにやっておいた方がいいこと

SECTION
03

サイテーション効果を高め、集客力を強化する

Googleビジネスプロフィールで集客するための要素として、サイテーション効果は押さえておきましょう。効果を高める施策について解説しました。

サイテーション効果を高める

■ サイテーションとは

　ホームページやSNSなどを運用していると、自社の投稿やコンテンツがシェアされたり引用されたり、またはハッシュタグなどで投稿・拡散・言及され「このお店はおすすめ」「このブログ記事はわかりやすい」など店舗の名前入りで紹介や推していただけることがあります。このことをサイテーションと言います。ひとことで言うとあなたの店舗やビジネスのインターネット上の露出度のことです。単純に考えれば、あなたの店舗やビジネスのことをインターネット上でたくさん紹介してもらえていると、サイテーション効果が高くなります。

■ サイテーション効果について

　サイテーションの効果については、SNSの構築と活用のところでも軽く触れましたが、店舗やビジネスのサイテーションが増加すると検索エンジンがその評価を高め、検索結果で上位表示につながる可能性が高まります。Googleは、あなたの行っている店舗の名前やビジネス名称が、どれだけ世の中に認識されているのかを見ていて、その上で視認性の高さ（知名度）を判断し評価しています。要するに、SNSやウェブサイトを使って顧客との接点を持ち集客導線の設計を構築しておけば、結果的にサイテーション効果は上がりやすくなります。

97

■ サイテーション効果を高める「指名検索」

　Googleはあなたの店舗やビジネスが「指名検索」をされているかどうかも把握しています。「指名検索」とは、名称そのものが検索されることです。例えば「森山居酒屋」という名称の店舗があって、実際に「森山居酒屋」について詳しい情報を知りたい人が「森山居酒屋」で検索をします。このように指名検索されるというのは、すでに知られている名前であることを意味しますので、オフラインを含めた知名度の高さの基準になるわけです。「札幌で個室の居酒屋に行きたんだけど、どこかいいところないかな」と検索するケースは、「札幌　居酒屋　個室」といったニーズ検索になります。ちなみに「森山居酒屋に興味がある」というケースが指名検索になります。

■ サイテーション効果を高める「リンク」

　自社のホームページに対して、関連性の高いリンクを出してもらえると、サイテーション効果につながります。リンクを貼ってくれているということは「ここはオススメのお店ですよ」「この商品は使ってみてよかったですよ」と推奨してくれていることを意味するからです。
　そのほか、口コミサイト、ポータルサイト、まとめサイトなどに、店舗の名称やビジネス名が出ているこということもサイテーションとしてはプラスに働きますので、自社のビジネスに関する各種メディアでリンクがもらえないか今一度確認してみてください。

■ サイテーション効果を高める「ハッシュタグ」

　SNSを運用していると、利用してくれた一定のお客様がつながってくれることがあります。その人たちが、あなたの店舗やビジネス名をハッシュタグをつけて投稿してくださったり、外部リンクをつけてくださることもあります。こうなれば好循環です。各種SNSを活用することにより、オンラインにおける顧客接点も増えるため、結果として

サイテーション効果を高めることができます。

■ サイテーションを高める「口コミ」

口コミやレビューはたくさんある方がサイテーション効果が高まっていきます。Googleビジネスプロフィールの口コミはもちろんですが、ホットペッパービューティ、エキテンなどのポータルサイトの口コミも含まれます。

口コミは、数があるほどサイテーション効果は高まる可能性があるので、ぜひ集めて欲しいところですが、「書いてください」と単純にお客様にお願いしても、なかなか書いてもらえるものでもありません。お店側の意識として「サービスの改善に役立てるために」という指標を持ってお願いをしてみてください。実際の口コミ内容やお客様のご意見を把握できるので、サービスの質を上げていくことができます。質が上がってさらに高評価の口コミをいただけるようになれば、そこからは好循環です。

サイテーション効果を上げるメディア

ここからはサイテーション効果を上げるために、登録・活用しておくといいメディアを紹介しておきます。

■ ①Yahoo!マップ

Yahoo!が提供しているマップサービスはYahoo!マップです。Googleの提供しているGoogleマップにはGoogleビジネスプロフィールが付帯していますが、同じようにYahoo!マップには「Yahoo!プレイス」が付帯しています。基本情報を入れて申請が通れば、Yahoo!マップにあなたの行っている店舗やビジネスの情報が掲載されます。

Yahoo!プレイス

　日本で使われている検索エンジンは、Yahoo!とGoogleで9割と言われています。Yahoo!の検索エンジンを使う人も一定数いますから、この機会にYahoo!マップにも合わせて登録をすることで、より一層のローカル集客の強化にもなりますし、サイテーション効果も高めることができます。

■ ②Bing places for business

Bing places for business（https://www.bingplaces.com/）

GoogleマップのBing版です。GoogleとYahoo!を検索エンジンとして使っていない人が使っているようなイメージで、その数は国内で検索エンジンを利用する人の約１割くらいと言われています。それでも一定数はいますので、登録しておくことでサイテーション効果につながります。

■ ③ポータルサイトへの登録

　サイテーション効果を高めるには、多方面での集客導線を構築しておくことにより認知度アップも含め、相乗効果が期待できます。ポータルサイトへの掲載も検討してみてください。無料で掲載できるものも多くありますので、サイテーション効果を高めるためにも登録しておくことをおすすめします。例としてあげると、飲食店系でいえば、ホットペッパーグルメ、食べログなど。旅行・宿泊系でいえばトリップアドバイザー、一休.com、施術系でいえばエキテンなどです。

ホットペッパーグルメ（https://www.hotpepper.jp/）

食べログ（https://tabelog.com/）

トリップアドバイザー（https://www.tripadvisor.jp/）

一休.com（https://www.ikyu.com/）

エキテン（https://www.ekiten.jp/）

103

■ ④地域機関への登録

　本書を手にしてくださっている人は、地域密着型のビジネスを行っているケースも多いと思われますので、ローカルビジネスの機関である商工会議所・商工会、地元の金融機関や新聞社など、Googleからも信頼に値する機関や団体からのリンクをもらえると、サイテーション効果が高まることにつながります。

商工会議所・商工会

　地域の傾向やそれぞれの商工会議所・商工会の趣旨にもよりますが、会員になると、地元地域の商工会議所・商工会のウェブサイトの会員紹介一覧ページに、会員であるあなたの行っている店舗やビジネスの情報を載せてもらえるところもあります。年会費は６千〜1万５千円くらいです。月に換算すると千円程度の費用感です。

地元の金融機関

　地元金融機関からリンクをもらうことも検討してみてください。最近では本業支援として、融資をするだけではなく売上を上げるためのサポートをしていくような動きもあります。金融機関独自でYouTubeチャンネルを運営して、取引先を紹介する番組を制作しているようなところもあるくらいです。基本的には無料で取材して紹介してくれて、動画の説明欄には、取引先であるあなたの行っている店舗やビジネスの公式ホームページのリンクを貼ってもらえます。また、YouTubeはGoogleが運営していますから、サイテーション効果が見込めると考えても問題はないはずです。

地元新聞社、雑誌

　地元の名店紹介や地域密着ビジネス紹介をしているフリーペーパー、小冊子などに掲載してもらい、もし運営している関連サイトがあるよ

うでしたら、そこからリンクをもらえるかを確認してみてください。実際にリンクを貼ってくれるケースもあります。今は紙媒体とともにデジタル版なども存在することがありますので、サイテーション効果につながります。

　また、新聞や雑誌に紹介されると「このお店に行ってみたい」と思ってくれた読者が、あなたのお店を指名検索してくれる場面も期待できます。繰り返しになりますが指名検索が増えると、サイテーション効果につながります。

■ ⑤プレスリリースの活用

　プレスリリースは今、紙からデジタルへと移行している傾向があります。プレスリリースを出せるサイトも多数あり無料で出せるものもありますので、検討してみてください。当然、知名度も上がりますし、サイテーション効果も見込めます。例えばPR TIMESは国内最大の有料のプレスリリースサイトですが、スタートアップチャレンジは条件によって無料になる制度もあるようです。

PR TIMES

https://prtimes.jp/

■ ⑥アナログツールの活用

アナログツールの活用も効果があります。対面した人たちにあなたの行っている店舗やビジネスを指名検索してもらえるよう導線を設計してください。例えばチラシ、名刺、ショップカード、ダイレクトメール、街で配られる広告入りのポケットティシュなどの活用も指名検索されるきっかけになります。

アナログツールですから一見関係のないような気もしますが、指名検索につながれば、サイテーション効果に影響があります。

CHAPTER-4　Googleビジネスプロフィールの活用のためにやっておいた方がいいこと

見つけてもらうための MEO対策とは

SECTION
04

マップ検索をしている見込みのお客様に選んでもらえるように、MEO対策の基本要素を押さえGoogleビジネスプロフィールを整えていきましょう。

MEO対策とは

MEO対策とは、Googleマップの検索結果に自分の行っている店舗やビジネスの情報を上位表示させるための施策です。Map Engine Optimization（マップエンジンの最適化）の頭文字をとってMEO対策といいます。

ここまでの話でも伝えてきましたが、自分のニーズを満たしてくれる店舗やビジネスを、スマホやパソコンを使ってGoogle検索やマップ検索したときに、まずはじめに画面に表示されるのは３軒になります。MEO対策の視点から言えば、検索順位３位までが表示されます。この検索順位の決め方については、Googleビジネスプロフィールについての公式ガイドにある「ローカル検索のランキングが決定される仕組み」で公開されているとおり、①関連性　②距離　③視認性の高さ（知名度）　の三つの要素を組み合わせて、検索した人にとって最適な検索結果が表示されるような仕組みになっています。

本章でここまで伝えてきた内容は、Googleビジネスプロフィールの活用で取り組んでおいた方がいいこととして、Googleビジネスプロフィールのアカウントの設計とGoogleビジネスプロフィールでの集客を成功させるために活用したい関連するメディアの紹介、そして競合の中から選ばれるための考え方としてサイテーション効果について解説してきました。先ほどの三つの要素のなかでは、主に③視認性の高さ

107

（知名度）につながるもので、どれもGoogleから評価されるための対策になります。

検索順位が決定される仕組み

Google検索やGoogleマップ検索で検索したときに表示される順位がどのように決定していくのか、その仕組みについてです。

■ ①関連性

関連性とは、お客様が探しているニーズに、あなたの行っている店舗やビジネスがどれだけ合致しているかの度合いです。その度合いの整合性で、関連性に関する要素が判断されます。

具体的には、Googleユーザーで見込みのお客様に当たる人が検索したキーワードとGoogleビジネスプロフィールに盛り込まれているキーワードや内容の合致が主な指標になりますのでGoogleビジネスプロフィールに充実したビジネス情報が掲載されていると、Googleユーザーが検索するキーワードと関連する確率も高くなり、お客様のニーズに適切な店舗・ビジネスと判断され、上位表示されやすくなると考えられます。

ですので理想のターゲットとなるお客様のニーズについてしっかりと考え、丁寧に説明しておきましょう。また口コミに書かれている内容も同様の判断材料になっています。

■ ②距離

距離は、現在地から遠くより近い場所、もしくは検索で指定した場所から近い場所が表示されやすい傾向です。「店舗の住所」と「ユーザーの現在地」の距離、「地域名検索」するときの地名で判断されます。

しかし次のような場合もあります。検索された地点から近い店舗やビジネスよりも、遠い場所にある店舗やビジネスが検索上位に表示さ

れるケースです。これは、Googleのアルゴリズムに基づいてこの三つの要素を総合的に見て、検索内容により合致していると判断されているためです。

総合的な判断に対応するには、充実したビジネス情報の記載・提供に取り組むことが主眼となります。

■ ③視認性の高さ（知名度）

Googleビジネスプロフィールの公式ガイドでは、この「視認性の高さ（知名度）」ついて、SEO（Search Engine Optimization：検索エンジン最適化）が影響することが示されています。本章の前半で伝えてきたSNSや自社の公式ホームページの構築・運用と合わせてサイテーション効果を増やす取り組みが、視認性（知名度）を高めることにつながります。

Googleビジネスプロフィールの公式ガイド（https://support.google.com/business/answer/7091?hl=ja&sjid=8935679385780971107-AP）

Googleビジネスプロフィールの公式ガイドには「視認性の高さとは、ビジネスがどれだけ広く知られているかを指します。ビジネスに

よっては、オフラインでの知名度の方が高いことがありますが、ローカル検索結果のランキングにはこうした情報は加味されます。たとえば、有名な美術館、ランドマークとなるホテル、有名なブランド名を持つお店などは、ローカル検索結果で上位に表示されやすくなります」とあります。先ほども触れましたが、チラシや名刺、ショップカード、ダイレクトメールなどのアナログツールなども含めた「指名検索」にも力を入れる必要があります。

競合の中から選ばれるキーワードは何か

　Googleビジネスプロフィールを手段としてあなたのビジネスや店舗の集客アップを図るのであれば、競合他社の中から選ばれる店舗やビジネスを目指す必要があります。検索されたときに上位表示につながるよう、検索順位が決定される仕組みの三つの要素　①関連性　②距離　③視認性の高さ（知名度）　を押さえることが大切です。

　特に注力できる①関連性と　③視認性の高さ（知名度）　については、自社の強みや売りをアピールできますので、見込みのお客様のニーズに寄せて検索してもらいたい語句（キーワード）を強化します。例えば、ハンバーグが看板メニューの洋食店であれば「洋食　ハンバーグ」といった語句を強化したいキーワードに設計してみてください。

　しかし、もしかしたらすでに「洋食　ハンバーグ」を強化したいキーワードとして据えているライバル店が近隣にあるかもしれませんので自身でも実際に該当するキーワードで検索してみてください。実際に表示された上位３件はどんな店舗名で、どのようなお店なのかチェックしていきます。

　上位で表示されているライバル店のGoogleビジネスプロフィールの情報は、どのような情報がどのように表示されているでしょうか。ライバル店のビジネス情報の内容と表示の順位がわかれば、自社では何をどのように情報として出せばライバル店と同様に表示されるように

110

なるのかが分析できます。

「洋食　ハンバーグ」で検索した結果

　次の第5章では、集客に対する目標の設定について解説をしますが、集客につなげるためにどのような語句（キーワード）を設計し、検索されたときに何位以内に入りたいのか、指標を設定していきます。

　なお、競合店を検索するときには、Googleの「シークレットモード」で行なってください。Googleはその人にパーソナライズした検索結果を表示してくれます。シークレットモードを活用しないで検索すると、普段の自身の検索の動向や検索履歴を含めたものが反映されやすくなりますので注意が必要です。Googleのシークレットモードは、過去の履歴などをフラットにした状態での検索になりますので、客観的な検索結果が表示されます。

シークレットモードで表示

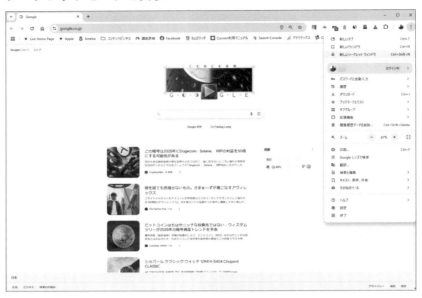

CHAPTER-5
Googleビジネスプロフィールを運用するための目標設定

CHAPTER-5　Googleビジネスプロフィールを運用するための目標設定

Googleビジネスプロフィールの目的を明確にしよう

SECTION 01　Googleビジネスプロフィールを運用する目的とゴールを定め、自社の強みの抽出や競合調査を行うことで、今、何に取り組めばいいかが分かります。

運用の目標を設定しよう

■ Googleビジネルプロフィール運用の目的を書き出す

　では次に、Googleビジネスプロフィール運用の目的を設定していきましょう。

　これからGoogleビジネスプロフィールを開設・運用して、実現したいと思っていることを自身で書き出してみてください。何を達成したいのか、何を解決したいのか、です。例えば「新規の集客をしたい」「売上を上げたい」「有名店になりたい」など、どのようなものでも構いません。

■ Googleビジネスプロフィールの運用のゴールを書き出す

　Googleビジネスプロフィール運用の目的を書いたら、次はGoogleビジネスプロフィール運用の到達点を書き出してください。

　Googleビジネスプロフィールを運用した結果、「月に◯人集客ができるようになる」など、数字を入れられると明確になります。最初から数字は浮かばないかもしれませんが、自社の現在地から運用の目的を明確にし、目指す行き先を運用の到達点・ゴールとします。

Googleビジネスプロフィールのターゲットを決めよう

　次は、あなたの行っているビジネスや店舗の想定するお客様像（ターゲット）を書き出してみましょう。

　想定するお客様像についての考え方です。前章で伝えたように理想のお客様像をイメージしてください。どのようなお客様に来てほしいのでしょうか。別の言い方をすると、あなたのビジネスや店舗で商品・サービスを購入してくれると喜んでいただけるお客様は、どのような人たちなのでしょうか。

　年齢や性別、趣味嗜好などの観点も大事ですが、お店に来る人たちの現状を想像してみるとより鮮明になるはずです。例えば、あなたが飲食店を経営しているとしたら、あなたのお店には、どのような人たちが、どのような感情やシチュエーションでお越しになるかを想像してみてください。食事は1人で食べることもあれば、気の合う仲間で食べることもありますし、家族で食べることもあります。仕事の合間にランチを食べに寄るビジネスマンの来る店なのか、家族のお祝いごとで集まる店なのか、それぞれ対象になる人たちは異なります。

　いまいちターゲットがわからないという場合は、5W2Hという有名なフレームワークがありますので、こちらを活用しながら今一度考えてほしいのです。「いつ」「どこで」「誰が」「何を」「なぜ」「どのように」「いくらで」を想像し、全てに当てはまるものがなくてもかまいませんので、お客様の喜ぶ顔が浮かんできたら、そこをターゲットに設定します。

　もし現状で店舗やビジネスの対象になるお客様についてターゲットが定まらず客層がバラけているようであるなら、どのようなターゲット層にGoogleビジネスプロフィールを見てもらうのかを決めてください。それに基づいて実際に来ているお客様層をみながらPDCAサイクルを回していくことになります。

115

■ お客様にわかりやすいお店になることで良質な口コミも増える

　今は口コミやレビューが重視される時代ですから、もし低い評価がついてしまうと店舗やビジネスにとってマイナスな印象を与えてしまいます。来店前から「当店はこんな人を歓迎します」「このような方におすすめです」など理想のお客様像がわかるような内容をGoogleビジネスプロフィールに載せておくことが得策です。

提供して満足いただける商品やサービスを明確にしよう

■ ターゲットの悩みや解決したいこと、期待していることを書き出す

　あなたのビジネスや店舗が提供している商品やサービスは、お客様のどのような悩みや解決したいこと、期待していることに応えられるのでしょうか。まずはターゲットに定めた人たちのことを想像して、悩みや解決したいこと、期待していることを書き出してみましょう。

　期待していることで言えば、先ほどの飲食店の例でいくと、誰と行くのか、誰と食べるのかによって時間の過ごし方が異なります。例えばターゲットが、子どもを連れて食事をしたい人たちであれば、お客様はどのようなことをお店に期待するでしょうか。親も子も落ち着いて食事ができるように、お子様用のメニューやお子様用のイスがあるかどうか、騒がしくなっても迷惑をかけない空間があるかどうかなどが気になるはずです。20代の男性のグループをターゲットにするなら、できるなら安価で美味しいものをお腹いっぱい食べたい、という思いがあるかもしれません。20代から30代の女性がターゲットなら、友人の誕生会をするので写真に映えてワクワクが伝わるようなサプライズを用意したい、女子会をするので、ボリュームはそれほどなくてもいいから特別メニューやデザートがあるといいのに、などというように想像するわけです。

このように「どんな時間や空間、瞬間が味わえるのか、体験できるのか」といったお客様の背景にある感情を想像していくと、ターゲットに対して自社の行っているビジネスや店舗が応えられることがわかってきます。

■ ターゲットの期待に応えられる自社の「強み（売り）」を書き出す

そのうえでターゲットの抱える悩みや解決したいこと、期待していることに応えられるサービスや商品の「強み（売り）」を書き出していきます。

お客様が最終的に選ぶ理由は、あなたのビジネスや店舗の実際の強み（売り）です。次のような視点で見ると、自社の強みがわかりますので参考にしてみてください。

- 実際にお客様から喜ばれている売れ筋の商品やサービスは何か
- 高評価をいただいてる商品やサービス・人の要素は何か
- お客様から選ばれている理由、決め手は何か
- お客様を連れてきてくださる口コミのセリフは何か

特に人から人への口コミでいらしてくださるケースが多いという場合には、来店してくれたお客様に、「どのように紹介されてきたのか」といった口コミされた時のセリフをぜひ聞いてみてください。「あそこのチョコレートケーキはコクがあって美味しいのよ」「ここのパンはもちもちしていて、食べ応えがある」のような口コミには、あなたのお店やビジネスのストロングポイントが凝縮されいます。

このような角度から確認することで、お客様に満足いただいている商品やサービスが明確になります。

競合他社を調査しよう

■ 競合と思われる店舗名を書き出す

　続いて、競合の調査をしていきます。当然、あなたの会社や店舗の周囲には競合やライバルがいます。まずはわかる範囲でいいので、競合やライバルであると思う店舗や会社の名前を書き出してください。

　またそれとは別に、あなたの店舗や会社を現在地にして、Google検索で先ほど見つけた強みや売りの商品やサービスを検索してみてください。例えば、あなたが洋菓子の製造販売をしているケーキ屋さんで誕生日ケーキが売りなら、Googleの検索窓に「誕生日ケーキ」と入れて検索をすると競合店の情報が3件出てくるはずです。それらの店舗名も書き出しておきましょう。

誕生日ケーキの検索表示
（スマホ版）

■ 書き出した競合店のGoogleビジネスプロフィールをベンチマークする

　店舗名を書き出したら、Googleで検索してください。Googleビジネスプロフィールを閲覧して実際に調査します。口コミの数、数値で表現された4.2や3.8などの平均のレビュー、写真の投稿の数、更新頻度などを確認していきます。特に同じエリア内の競合店舗の口コミ欄には、お客様からどのような口コミが入っているのか、それに対して店舗側からの返信はどのようにしているのかをチェックしてください。

　このように競合他社がどのようなGoogleビジネスプロフィールの運用をしているのかを分析しながら、競合との違いやあなたのビジネスや店舗の優位性を明確にし、Googleビジネスプロフィールの運用について目標を設定していきます。

　顧客（customer）・自社（company）・競合他社（competitor）の3つを軸にして、市場環境を分析をすることを3C分析と言いますが、そうした三つの角度から見ていくと、競合との差別化や打ち出しポイントがわかり、どのようにGoogleビジネスプロフィールの運用に取り組んでいけばいいのかの施策が出てきます。

　Googleビジネスプロフィール運用の目的とゴールを確認してターゲットを定め、お客様の抱える悩みや期待に応えられる自社の強みを活かした商品やサービスを明確にして競合を調査していくと、何から取り組めばいいのかがわかります。

CHAPTER-5　Googleビジネスプロフィールを運用するための目標設定

KPI（重要業績評価指標）の設定をしよう

SECTION 02

KPI（重要業績評価指標）の設定として、Googleビジネスプロフィールのパフォーマンス分析から現状を確認し具体的な数値を設定していきます。

KPIは具体的な数値で設定する

　続いてKPIの設定についてです。KPIとはKey Performance Indicatorの略で、日本語では「重要業績評価指標」と呼ばれています。簡単に言えば、目標達成に向けた中間目標です。KPIの設定は、現状を把握をしたうえで、それぞれの状況に応じて具体的に指標を立て、目標達成に向けてその進捗を管理し進めていきます。KPI達成の進捗を把握するのにGoogleビジネスプロフィールの運用は効果的です。

　KPIを設定する流れについてですが、まずあなたの行っているビジネスや店舗の事業の現在地を改めて確認します。現状をなるべく数値で把握して客観的に判断してください。そして、今後の集客力の強化のため、もしくはサービスの向上のために、どのような施策を行えばいいのか仮説を立てていきます。

　KPIは、具体的な数値での設定が基本です。ビジネスや店舗経営で重要な要素になるものを数値化して指標にします。簡単に言うと、集客の目標に到達するための各種指標を数値化しておくイメージです。どの指標を向上させるかで、目的やゴールが変わってきます。ここではあなたの行っているビジネスや店舗の集客の目標が達成できるように、指標を設定していきましょう。

現状を把握し、集客目標につながるKPIを設定しよう

■「パフォーマンス分析」で現状を把握する

　現状把握の要素として、Googleビジネスプロフィールのパフォーマンス分析の結果が参考になります。パフォーマンス分析は、いわゆるウェブサイトでいうアクセス解析と同様のものです。クリック数、閲覧数、アクション数、アクセス数などの現状が把握できますので、それを日次、週次、月次、年次で定点観測して、そのデータに基づき指標を立てていきます。

管理画面から「パフォーマンス分析」を選び現状把握をする

　パフォーマンス分析では、Google検索やGoogleマップ検索をしているGoogleユーザーが、実際に検索しているキーワードがわかります。またあなたが見込みのお客様から見つけてもらうために設定しているキーワードがきちんと反映されているのかどうかも確認できます。一方で、自分では気づくことのないようなキーワードが、お客様から検索されているケースもありますので、確認してみてください。実際検索されている数が多いキーワードというのは、基本的にニーズがあるということです。

　パフォーマンス分析の機能では、Googleビジネスプロフィールを閲覧しているユーザーの次のような動向がわかります。

- **電話をかけてきた件数**

- ルート検索された件数
- 見ているデバイス（パソコンなのかモバイルなのか）
- Googleからの検索なのか、Googleマップからなのか
- どんなキーワードで検索しているのか
- 検索されることによって実際にあなたの店舗のGoogleビジネスプロフィールの情報が閲覧・表示された回数

ここで現状を把握し指標を出していきます。

■「パフォーマンス分析」の概要から指標を設定する

　ここからはGoogleビジネスプロフィールのパフォーマンス分析で現状を把握できる指標となる数値設定についてです。項目別に表示される結果の数値から、指標設定の考え方について解説していきます。

①概要
　「概要（ビジネスプロフィールで実施されたインタラクション）」に出ている数値は、あなたのビジネスや店舗がGoogleのユーザーに興味を持たれているかどうかの指標です。現在の状況から、この「概要」の数値を高めることに指標を設定して取り組めば、集客の目標達成につながります。

　Googleビジネスプロフィールを見に来たGoogleユーザーが、何かしらの行動をとったアクションが数値化されています。この数値は、あなたのビジネスや店舗の情報に興味を示してくれた人が起こしたアクションの数です。この数値が上がってくればくるほど興味を持たれていることがわかります。

　この図表で数値化されているのは「通話」「予約」「ルート」「ウェブサイトのクリック」などの総数になりますが、計上されているこれらの項目は、ビジネスの内容や業種によって一部異なります。

122

「概要（ビジネスプロフィールで実施されたインタラクション）」

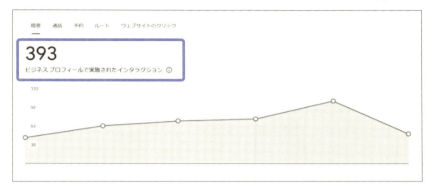

②通話

「通話」に出ている数値は、Googleビジネスプロフィールを通して電話につながったものを数値化したものです。おそらく実際に来店してくれたり予約してくださる可能性が高い人たちです。電話予約や問い合わせを含んだこの数値をKPIの指標に設定して取り組めば、集客の目標達成につながります。

季節に応じた企画、イベントの開催など数字を作るための施策を考えてみてください。

通話

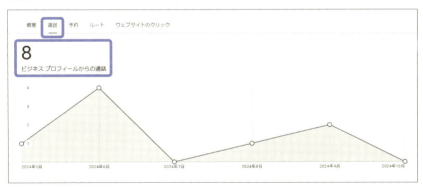

③予約

　「予約」に出ている数値は、Googleビジネスプロフィールを通して予約を実際に受けたものを数値化したものです。ただし現状では、Googleビジネスプロフィールでの予約という行為は、有料のオプション契約をしなければカウントされませんのでオプションの活用がなければカウントはゼロになります。

予約

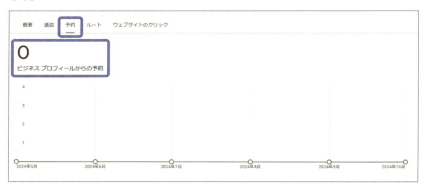

④ルート検索

　「ルート検索」に出ている数値は、Googleビジネスプロフィールを通してルートや経由地を探すというアクションにつながった数を数値化したものです。ルート検索の「経路案内」では、到着地の店舗まで車で行った場合の経由地、徒歩で行った場合の道順、所要時間などがわかります。これを調べているGoogleのユーザーは、明らかに見込みのお客様になりうる人たちです。この数値が上がっている場合には、実際に店舗への来店を検討している人が増えている傾向にあることが考えられます。この数値をKPIの指標に設定して取り組めば、集客の目標達成につながります。

ルート検索

⑤ウェブサイトのクリック

「ウェブサイトのクリック」に出ている数値は、Googleビジネスプロフィールを通して公式サイトやホームページに遷移した数を数値化したものです。Googleビジネスプロフィールのアカウントを開設したときにあなたが入力したURLが「ウェブサイト」というボタンで表示されます。そのボタンからあなたの公式サイトやホームページを見に訪れた数です。この数値が上がっている場合には、Googleビジネスプロフィールであなたの経営する店舗を知った人がもう少し詳しい情報を知りたいと思って起こしたアクションの数ということがわかります。この数値をKPIの指標に設定して取り組めば、集客の目標達成につながります。

WEBサイトのクリック

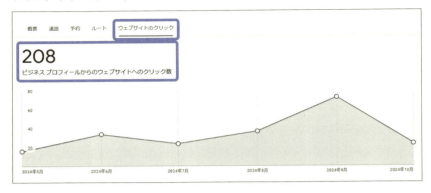

⑥ビジネスプロフィールを閲覧したユーザー数

「ビジネスプロフィールを閲覧したユーザー数」に出ている数値は、Google検索やGoogleマップで検索をした人にあなたの運用しているGoogleビジネスプロフィールが閲覧された人数を数値化したものです。例えば「静岡　居酒屋　個室」というニーズで検索されて、あなたの店舗が閲覧された場合にカウントされた数値になります。この数値が高ければ、ニーズで検索されたときの露出度や認知が高まっている傾向にあります。このあなたの店舗やビジネスがどれだけ閲覧されたかを示す数値をKPIの指標に設定して取り組めば、明らかに集客の目標達成につながります。

⑦プラットフォームとデバイスの内訳

「ビジネスプロフィールを閲覧したユーザー数」の下に表示される「プラットフォームとデバイスの内訳」の数値は、閲覧したGoogleユーザーがスマホで検索しているのか、パソコンで検索しているのか、Google検索なのか、Googleマップ検索なのか、その割合がわかる数値です。

　パソコンでGoogle検索をしているユーザーは、自宅や会社などで調べている可能性が高く、見込み客ではありますが、今すぐ来店する可

能性のある人たちではないと思われます。それに対してスマホでGoogleマップ検索をしているユーザーは、出先で地図を調べている可能性がありますから、今すぐ来店につながる人たちであることも考えられます。

　もちろんビジネスや店舗の業種業態によって、検索されて求められているシチュエーションは異なりますが、例えばスマホでの閲覧が多い場合は、実際にスマホで自社のGoogleビジネスプロフィールを見てみるなど、お客様目線で俯瞰して確認してみてください。

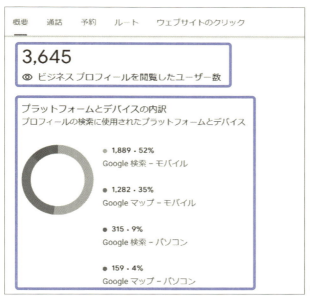

ビジネスプロフィールを閲覧したユーザー数

⑧ビジネスプロフィールの表示につながった検索数

　「ビジネスプロフィールの表示につながった検索数」に出ている数値は、Google検索もしくはGoogleマップ検索をしたGoogleユーザである見込みのお客様に、あなたの運用しているGoogleビジネスプロフィールの情報が表示された回数を数値化したものです。

　またニーズで検索される場合には、検索される語句、いわゆるキー

ワードがあります。それが「ビジネスプロフィールの表示につながった検索数」の下に表示される「検索内容　ビジネスプロフィールの表示につながった検索語句」です。それぞれの業種業態、強みや売りによって、検索される語句は異なります。先ほどターゲットを設定し自社の売りや強みを確認しましたが、それらの要素がGoogleビジネスプロフィールに反映されているのか、想定しているお客様にアピールできているのかがわかります。ここをKPIの指標にすると、相思相愛のお客様にお越しいただける集客の目標達成につながります。

ビジネスプロフィールの表示につながった検索数

CHAPTER-5　Googleビジネスプロフィールを運用するための目標設定

SECTION 03

MEO対策に向けた目標設定

集客強化のカギとなるタッチポイント。Googleビジネスプロフィールを運用する際のお客様とのタッチポイントを強化する6つの施策を紹介します。

タッチポイントを強化する

　店舗やビジネスの集客をしていくには、お客様との接点（タッチポイント）を強化していくことが大切です。そのための目標設定の考え方について伝えます。

　タッチポイントの強化は、関連性、知名度、ユーザー目線に目標の設定をおき、それらの掛け合わせで相乗効果を高めていきます。各目標設定に対して、進捗確認や改善を行うことによりタッチポイントを強化できるわけです。

■ ①「関連性」「視認性の高さ（知名度）」に目標設定をおく

　ここで最初に触れておきたいのはMEO対策です。前述しているようにGoogleビジネスプロフィールでローカル検索された際に上位表示を目指す施策をMEO対策と言います。具体的な例で言えば、「静岡市 居酒屋」で検索された際に上位表示を目指すために行っておく対策です。

　MEO対策の基本は ①関連性 ②距離 ③視認性の高さ（知名度）が密接に関係していることはすでに伝えているとおりですが、言ってしまうとこの三つの要素に目標設定を置いて対策ができたら検索で上位表示が可能になるわけです。あなたの行っている店舗やビジネスが、当然、見込みのお客様の目に触れやすくなりますので集客効果が高まります。

129

しかし基本的に「距離」に関しては、こちらではコントロールはできません。基本的に検索している人の位置情報からの距離になるからです。この理由から「関連性」と「視認性の高さ（知名度）」に目標設定をおき、タッチポイントの強化をしていくことが、結果としてMEO対策を講じることにつながります。

■ ②「ユーザー目線」にも目標設定をおく

さらにタッチポイントを強化するために加えておきたい重要な要素は「ユーザー目線」です。ユーザーというのはGoogleを使っている見込みのお客様のことで、先ほど紹介したGoogleビジネスプロフィールのパフォーマンス分析を活用し「ユーザー目線」を把握します。パフォーマンス分析では、ユーザーの動向（ルート検索、ウェブサイトのクリックなど）を数値で検証することが可能です。この「ユーザー目線」にも下記の図を参考に目標を設定し、タッチポイントを強化していきます。

タッチポイントの強化

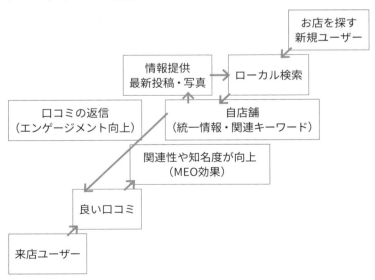

■ ③口コミをいただいて「関連性」と「視認性の高さ（知名度）」を向上させる

「ユーザ目線」でタッチポイントを強化していく例ですが、まずは口コミです。お客様が来店して「良いサービスを受けられた」と口コミをいただけたとします。この評価や良い口コミもお客様との接点（タッチポイント）の一つです。高評価や良い口コミをいただくには、どのような目標設定をすれば良いのか、を考えてください。

高評価や良い口コミをいただけた場合には、そのお客様が利用した感想をSNSでも紹介しシェアしてくれるかもしれません。これが知名度向上につながります。もし「リーズナブルでよかった」とGoogleビジネスプロフィールの口コミなどで投稿いただけたら「リーズナブル居酒屋」というキーワードで検索されたときに表示されやすくなります。これが「関連性」の向上です。

ですので、良い口コミいただけると結果として「関連性」と「視認性の高さ（知名度）」が濃くなり、MEO対策につながります。このような背景から、私たちはお客様に来店いただいて高評価や良い口コミをいただくところに目標設定をおくことが大事になってくるわけです。

「関連性」「視認性の高さ（知名度）」が向上してくると、当然、あなたの店舗は、検索された時に上位表示されるようになっていきます。そうなれば、まだあなたの店舗を知らない人にも見つけてもらいやすくなります。このような流れから、Googleビジネスプロフィールを運用することで新規の集客につながっていくイメージができると思います。

口コミへの返信は必ず行う

良い口コミにもそうではない口コミにも、いただいた口コミには必ず返信をしてください。エンゲージメントの向上につながります。エンゲージメントとは、お客様との関係性（親密度）の構築のことです。

Googleビジネスプロフィールの口コミに返信をすると、口コミして

131

くれた人に「返信がありました」と通知が届きます。返信がもらえるのは嬉しいものですし、相手に通知がいくわけですから、あなたの書いた返信はほぼ口コミをしてくれた相手に見てもらえていると考えていいでしょう。

お客様側からすると、返信がなければ書き込んだ意味を感じられません。そうなってしまうと、口コミを書いてくれた人もそうですが、口コミを見てる見込みのお客様にも、あなたのお店の対応についてよろしくない印象を与えてしまいます。正直なところ多少の手間は掛かりますが、いただいた口コミにはなるべく早く返信し、お客様からいただいた口コミをコミュニケーションの一環と捉えてパーソナライズした返信をしていくことにも目標設定をおいてみてください。

エンゲージメントが向上すれば、利用者であるお客様は「また次も行こう」と前向きに考えてくれます。また利用してくれた人の身近にいる人たちにも影響し、アナログによる口コミなども発生しやすくなります。

■ ④情報更新で「関連性」を上げる

ローカル検索でお店やビジネスを探している見込みのお客様のために、タイムリーな発信を心がけていきましょう。写真や動画の配信、最新情報の投稿、クーポンの配布やイベントの開催などを計画してタイムリーに情報更新をすることによって、コンテンツが強化されることから「関連性」が向上します。

情報更新について言えば、次のようなこともあります。Googleビジネスプロフィールや公式サイトの情報更新が5年前からされていないようなケースです。5年間も更新されてないと、当然、お客様は店舗が営業しているのかどうかに不安を感じます。そのため、情報発信の更新にも、目標設定をおくことが大切です。

ここまで紹介したのは、GoogleビジネスプロフィールのMEO対策の

132

基本です。このような指標を持ち、お客様を主体とした取り組みを行うことで新規の集客力が高まっていきます。

■ ⑤店舗・ビジネスの特徴を表現するキーワードを決める

　Googleビジネスプロフィールで、店舗やビジネスの特徴を表現するキーワードがあれば、それを定め強化します。

　例えば、あなたが居酒屋を経営していてお店には個室が多数あって充実している場合、グループや家族でゆったりと過ごせることが特徴です。このケースでは「居酒屋　個室」を集客のキーワードとして定め、具体的には「居酒屋　個室」というキーワードを投稿内容に含めてコンテンツを増やして強化していきます。先ほど伝えた情報更新の目標設定においた「関連性」を上げるとともに、自社の店舗の特徴に見合った集客が可能になります。

　他の例で言えば、あなたが静岡で工務店を経営しているとします。外壁塗装が得意な会社なので、仮に「外壁塗装」をビジネスの特徴としてキーワードに選定しました。Googleビジネスプロフィールはエリア検索が得意ですから、このキーワードに地域名を加えて「外壁塗装　静岡市」のキーワードを入れた投稿記事を作成します。例として、塗装施工を担当した建物のビフォーアフターの写真を小冊子にして贈呈するプレゼント企画や、外壁塗装施工を失敗しないための「業者選びで失敗しない七つのポイント」などを企画して記事にし、最新情報で公開します。

　このように強化したいキーワードを選定し「最新の投稿」などでキーワードに関連するイベント企画のお知らせやクーポンの配信を行ってタッチポイントの強化につなげます。

　あなたの行っている店舗やビジネスは、どのような特徴を売りにして商売をしていますか。「キーワード＝見込客の集客」ともいえますので、目標として設定しておきましょう。

133

■ ⑥スタッフ教育で集客の相乗効果を上げる

　アナログ的な要素にはなりますが、スタッフ教育も考えるべき指標です。特にリアルな店舗であれば、接客はお客様が最も気になる点で、評判にもなりやすい点です。どんなに料理が美味しくても、スタッフの態度がよろしくなかったりすると、口コミに「料理は美味しかったが、スタッフの対応がイマイチだった」のように書かれて、評価の星の数も２〜３になってしまうようなケースもあります。スタッフの感じが良かった、もしくは悪かったの印象は、評価の対象になりやすいため、良い口コミの内容で投稿いただけるよう、スタッフの教育に目標の設定をおくことも集客の相乗効果を高めるために取り組んでおきたいところです。

定期的な情報更新で集客の相乗効果を上げる

　情報更新に目標設定をおき実施できると「関連性」が向上することはすでに伝えましたが、それが定期的な更新であればMEO対策の強化につながります。例えば毎週月曜日には今週のおすすめを投稿する、毎月１日には今月のおすすめ、毎月第３水曜日には来月のイベントやキャンペーンの予告・先行予約開始のお知らせなど、都度Googleビジネスプロフィールを更新することを目標に設定し取り組むことにより、集客の相乗効果が期待できます。

　また、実施後には、その達成状況を振り返るなど向き合うための時間の確保も予め目標設定に組み込んでください。

■ 地域ならではの祭事はチェック！　特別なオファーを

　Googleビジネスプロフィールにアカウントを持つ店舗のほとんどは、地域密着型のビジネスを行っている人たちです。地域で祭りやイベント、催しなどが行われるのであれば、自社のビジネスや店舗の集

客に影響します。そこで地元のイベントやフェスティバルと連携して特別なオファーを出すプロモーションも目標として設定しておくことで、新規の集客につながりやすいので取り組んでみてください。

　地域行事は、例年時期が決まっているものも多数あります。例えば、盆踊り大会や花火大会、神社のお祭りなどがあります。通常よりも人が集う可能性があると、地域の検索のボリューム自体が増えてくる可能性が見込めます。集客アップを図るためにも、「地域密着」という観点を踏まえ目標設定の指標をおいておくことも重要です。

CHAPTER-5　Googleビジネスプロフィールを運用するための目標設定

SECTION
04

営業戦略の設計

Googleビジネスプロフィールを活用して、営業戦略の全体像をつかみ、新規顧客獲得や客単価向上の設計、リピートの促進に力を入れていきましょう。

営業戦略の全体像をつかむ

　Googleビジネスプロフィールを集客の手段として活用する目的は、さまざまにありますが、その先には当然、経営力を高め、売上を伸ばしていきたいということがあると思います。ここでは実際の売上を上げる設計について触れていきます。

　売上は、「新規の客数」に「購買単価」を掛け合わせたものに「来店・購入の頻度」を掛けた構成で計算できます。

> 売上の構成＝新規客数（新規の来店客数）×客単価（購買単価）
> ×リピート数（来店・購入頻度）

　新規客数、客単価、リピート数のそれぞれに目標の数値を設定して、自社のビジネスモデルや利益を出すためのキャッシュポイントをどのように設計し構築していくのかを考えてください。

　具体的には、心理的にも手に取りやすい安価な価格設定のフロントエンド商品から、利益が出やすい価格設定のバックエンド商品へつなげるような商品設計を行っていきましょう。フロントエンド商品の例でいえば、飲食店で新規客数を増やす目標設定の取り組みとして行う「クーポンで10%引き」や「生ビール一杯プレゼント」などです。「○人以上で来店すると幹事さん無料」など新規客数と客単価のバランスを組み合わせていくようなものも実質のフロントエンド商品になりま

す。

またバックエンド商品を考えるとすれば、忘年会や新年会、誕生会などのスペシャルコースや記念日プランのようなセットメニューは期間が限定され、購買意欲が高い背景から利益を上げやすい商品になります。

Googleビジネスプロフィールの運用は、新規客の獲得が主になりますが、予めどのようなものを提供したらリピートにつながるのかを考え、営業戦略の全体像をつかんで目標を設定することが重要です。

なお、リピート促進については後述していきます。

新規客獲得の設計をする

■ 来店しやすいイベントやキャンペーン開催して、新規客を獲得する

営業戦略の全体像がつかめたら、次は来店の可能性を高めるイベントやキャンペーンの開催も目標設定に入れていきましょう。

飲食店で言えば、ランチやディナーに特典や特別なサービスを提供してみたり、曜日や時間帯別にプロモーションを設定したりするのも効果的です。また誕生会、敬老の日、入学卒業、クリスマス、バレンタイン、忘年会、新年会などの記念日やお祝いごとなど季節やシーズンを踏まえた購買心理や感情に基づいた目標設計を行い新規客を増やしていきます。

実はお客様は買う理由やきっかけがないと、消費行動を取りにくい傾向にあります。しかし「今日はクリスマスだから」「今日は誕生日だから」「今日は結婚記念日だから」と買う理由やきっかけがあることで、高額なディナーも視野に入りますし、ホールケーキの購買意欲も湧いてきます。ですので、こちらから買う理由やきっかけを伝えてお客様にイメージしていただき、購入の機会を作っていきましょう。そのような背景からも季節やシーズンの言葉を含めた企画やキャンペー

ンを行うことによって需要が発生し、集客・利益増加につながっていきます。

■ 観光客向けのメニューやサービスを提供して、新規客を獲得する

　立地にもよりますが、観光客向けのメニューやサービスの提供も目標設定に入れておきましょう。

　日本国内には、ある一定数の観光客が常にいます。外国人観光客向けであれば、インバウンド商品や外国語対応メニュー、国内旅行者にはご当地名物などを提供していくと集客につながります。北海道を旅するなら、やはり海鮮丼やカニが食べたいと思う人が多いのではないでしょうか。観光客はそういった「せっかく来たから」という思い出作りも購入動機になります。ご当地名物や当店ならではの名物などを中心に「思い出や体験を売る」といった観点で考えてみてください。

■ ファミリー層向けのサービスを提供して、新規客を獲得する

　ビジネスの業態にもよりますが、ファミリー層向け、特に子連れで来店する人たちに向けたサービスの提供も目標設定に入れておきましょう。

　子連れで入店できる飲食店は限られます。そのため、小さなお子さんがいる家族にとっては、子どもへの対応は店舗を決める際の主要な理由になります。三世代のファミリーが集まる慶事弔事などは一定のニーズがありますので、子ども向けのメニュー、キッズスペースなどファミリー層ならではの目線で目標設定しておくと、子連れの新規客に利用してもらえる可能性が高まります。

■ オンライン先行予約プランを提供して、新規客を獲得する

　一昔前、電話予約が主流だった頃は、営業時間内でも来店客の混み合う時間を避けて電話をするように気を使う場面がありましたが、今は思い立ったらすぐに、時間を選ばずネットで予約できるようになり

ました。時間に追われているような現役世代にとってネット予約はとても使い勝手が良いものです。

　Googleビジネスプロフィールもネット上にあるプラットフォームですから、ネット予約が主流となったことを踏まえて、オンラインでの「先行予約プラン」「早割」などお得な特典を用意しておくと、新規客獲得につながります。オンライン予約の目標設定も必ずしておきましょう。

客単価向上の設計をする

■ 売りや強みのセットメニューで、客単価向上を図る

　ビジネスや店舗の強みや売りを活かしたセットメニューの設計は、客単価の向上につながります。合わせてシーズンや季節限定メニュー、新メニューの計画も集客につながりやすくなります。

　初めて来店・購入をしようと考えている見込み客からすると、何を購入すれば良さそうか、と迷ってしまう傾向にあります。しかし、もしあらかじめ情報として人気メニューや看板メニューがわかっていれば、来店につながる可能性もあります。「人気があるなら間違いない。今回はこれにしよう」といった発想になるからです。

　そのような情報がGoogleビジネスプロフィールであらかじめ提供されていれば、人気メニューなどを目的に新規来店してくれる可能性も高まります。行列のできているラーメン屋の前を通れば、いつかは一度くらいは並んで食べておこうという気持ちになるのと同じです。

　客単価向上のために具体的に何をどのように情報として出すのかですが、例えば、提供するメニューを「松竹梅」の3段階で構えます。寿司御膳でいえば、並、上、特上のようなセットメニューが考えられます。

　お客様からするとあれもこれもと迷ってしまうので、定食のような

形態で提供されるメニューは注文しやすいものです。「このコースを頼めばいろいろご当地料理が食べられる」というセットメニューやコースメニューを用意しておけば、少々値段が高くても決めてもらいやすくなります。

また、先ほどからの話で伝えているように「当店名物」はやはり魅力がありますので、客単価向上につなげるためにも、目標の設定を行ってください。

■ 限定メニューで、客単価向上を図る

期間限定や季節限定、数量限定の商品やメニューが目に留まると、お客様の感情が動く傾向にあります。平日限定、休日限定、誕生日の人限定なども企画に向いています。

■ スタッフのおすすめで、客単価向上を図る

お店からのおすすめ商品もいいのですが、スタッフのおすすめは客単価向上につながります。スタッフの個人的なおすすめを見える形にしておくことも目標設定に据えておきましょう。

Googleビジネスプロフィールの最新の投稿で記事化するのもよいですし、店舗に行った際に目に入るようなポップにするのもよいです。

私も居酒屋で注文するメニューに迷うときには、注文をとりにきてくれたスタッフに「あなたのおすすめは何ですか」と聞くことがあります。そうすると「個人的には○○が美味しいと思っています」「僕はこれが好きです」と教えてくれますので、「じゃそれでお願いします」といったシチュエーションになることも少なくありません。

このように「スタッフのおすすめ」というのは、お店のおすすめ以上に個人的な感情の要素も強いので信憑性が高くなります。ですのでスタッフのおすすめメニューなど個人の要素を踏まえたメニューの見せ方を考えるのも目標設定に据えておくべきです。

140

■ テイクアウト・持ち帰りで、客単価向上を図る

　テイクアウト・持ち帰りが可能な場合は、お土産やギフトとして購入していただくことも視野に入れて目標設定に据えておきましょう。例えばですが、ケーキは一度に２個も３個も食べられませんが、お土産なら家族の分や贈答用として購入していただけることもあります。そういった意味からも「お持ち帰り商品」「テイクアウトの商品」の開発も目標設定に据えておくことも客単価向上のためには重要です。

リピートを促進する

　お店を出るお客様に「次回、またお待ちしてます」とお声がけしても、実際にリピートつながる保証はありません。ですので「どうしたらリピートいただけるのか」を考えていきます。具体的な工夫としては、定期的にお客様との接触の機会を持つなどの関係性構築に向けた目標設定をすることです。

■ LINE公式アカウントやメルマガなどへの登録

　新規で来店したお客様に次回お越しいただけるような設計として、LINE公式アカウントやメルマガへの登録、SNSのフォローなど、お客様との接点を継続的に持てるような目標を設定していきます。例えばエステサロンであればカウンセリング前の事前情報の記入をLINEから行うなど工夫をする、またクーポンなどのプレゼントと引き換えにメルマガに登録していただくような目標を設定します。

　メルマガやLINE公式アカウントに登録いただけたらその後は継続的に配信を続け、あなたの行っている店舗やビジネスの存在をお客様に忘れられないようにすることが実際のリピート促進に向けた取り組みとなります。

業績アップにつながる無料メールマガジンのご案内

まずは当ページをご覧いただきありがとうございます。株式会社欅プロモーション代表取締役の森山直徳が執筆する「購読無料」のメールマガジンです。

● 「無料」メールマガジン登録フォーム

登録はこちらから ご希望のメールアドレスを入力し「登録ボタン」を押すだけで完了です。

登録

業績アップにつながる無料LINE公式のご案内

まずは当ページをご覧いただきありがとうございます。株式会社欅プロモーション代表取締役の森山直徳が執筆する「購読無料」のLINE公式です。

● 「無料」LINE公式登録フォーム

登録はこちらから 「友だち追加」ボタンを押すだけで完了です。

友だち追加

■ 次回予告

決済時に発行するレシートなどに特典やお知らせを記載することで、リピートを促進できます。そういった予告も、次回の来店のきっかけになりますので、目標を設定しておきましょう。

■ 口コミの依頼

自分自身の言葉で書いたり、人に伝えたりする口コミの投稿を行うとお客様ご自身の記憶にも残ります。そのため、口コミをしていただけたお客様はリピートしてくださる可能性があります。

口コミ投稿をしていただくためには何をしたらいいのかを考え、目標を設定しておくことで、リピート促進につなげていきます。

■ UGC

UGCとは「User Generated Content（ユーザー生成コンテンツ）」の略です。利用してくださったお客様が、自身で作成したコンテンツをウェブサイトやSNSでシェアしたものを意味します。結果的に口コミとして共感が広がることで、情報の価値が認められる形になり、承認欲求も満たされますから「また行こう」とリピートにつながる可能性があります。

また初めて来店した時の印象は、インパクトとして大きいですから、誰かに言いたくなるような仕組みづくりを計画します。例えば車は買った日が一番嬉しいですし、誰かに話したくなる、シェアしたくなるのでUGCにつながります。このようにUGCの設計について目標を設置して実施することで、リピート促進につなげていきます。

■ 紹介特典（御礼）の設定

リピート促進の意外な側面は、紹介です。紹介特典や紹介いただいた場合のお礼も目標設定しておきましょう。

アナログ的な要素ですが、既存のお客様が自分の知り合いや家族を紹介してくれたときは、お客様と紹介者の双方に特典をそれぞれ同じような割合でプレゼントするような目標設定ができないか検討してみてください。

Googleビジネスプロフィールの口コミの投稿もそうですが、人に紹介するにはそれなりの覚悟がいります。友人や家族に安心して使って欲しいお店や商品であることを紹介するわけですからそう言った意味でも、地縁集客は貴重なリピート促進につながります。

店舗に紹介カードやショップカードのようなものを置くことができないかも合わせて検討していきましょう。また、紹介制度を設定していることを既存のお客様に知っていただけるように、店内にポスター掲示をして、メールやLINE、SNSでお知らせすることも目標に設定し

ておきましょう。

　「紹介で来店された方の特典」のような制度の導入により、一定数の紹介が増える可能性があります。

　例えば、居酒屋にAさんがいました。Aさんは、Bさんにその居酒屋の感想を口コミして「今度一緒に行きませんか」と誘います。Aさんはリピートして再びBさんを連れて来店してくださいます。今度はAさんとCさんで、その次はBさんとDさんでと、紹介が広がりリピート促進につながっていきます。

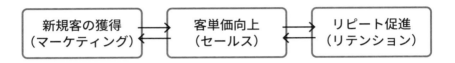

　Googleビジネスプロフィールをこのように活用して目標の設定を据えられると、「新規客数」と「客単価」、「リピート（口コミ）」でサイクルが回ります。まずはリピートをしていただくための目標設定を行ってから、客単価の向上、新規集客を考えていくとイメージしやすいですし、サイクルが加速していきます。

CHAPTER-6　Googleビジネスプロフィールに投稿する制作と編集

ビジュアル化して信用力を高める

SECTION 01

視覚的に表現したコンテンツは、直感的で人々の記憶や印象に残りやすい傾向にあります。写真や動画を活用して、商品やサービスの良さを発信していきましょう。

自社サービスや商品をビジュアル化しよう

　近年のインターネット界隈では、YouTubeやTikTokなどの動画サービスや写真や動画などを使ったインスタグラムなどのブランディングが上手くいっているようです。文字のみの情報配信よりも目に止まりやすく、受け取る側であるお客様にも好まれる傾向にあり、世界観などを視覚的に表現した訴求は、人々の記憶に残りやすくイメージしやすいのが特徴です。

　例えば、提供している商品やサービスの使用前と使用後の記録をコンテンツとして作り込んだ動画や写真は、同様の悩みや解決したいことを抱えている人はとても気になります。また実際の店舗の中の様子や商品の写真、サービスを提供しているところの様子を動画で紹介すると、見込みのお客様の不安を軽減することができます。

　Googleビジネスプロフィールに掲載するコンテンツについての考え方もこれと同様です。写真や動画を掲載している店舗とそうでない店舗のアクセス状況を分析して比較すると、写真や動画を掲載している店舗の方が圧倒的に見込みのお客様からの反応がいいことがわかります。実際にルート検索やウェブサイトへのリンクをクリックするといったアクションをしているのです。Googleの公式ヘルプにも、写真を掲載している場合には、店舗までの経路を検索される回数が42％増加、ウェブサイトをクリックされる回数は35％増加というデータも公開されています。

Googleビジネスプロフィールの公式ヘルプ（https://support.google.com/business）

　このような写真や動画などのビジュアルコンテンツは、Google検索で上位表示されるSEO対策、Googleマップ検索で上位表示されるMEO対策にも有利に働く傾向にあるとも言われているので、結論として、Googleビジネスプロフィールに掲載するコンテンツのビジュアル化は重要な要素となってきます。

　今後は、前章で伝えた集客力を上げるための目標設定にも、このコンテンツのビジュアル化の目標を設定する必要がありそうです。

写真でビジュアル化する

　Googleビジネスプロフィールに写真を掲載してコンテンツのビジュアル化をはかっていきましょう。

　写真を追加する際は、「写真を追加」もしくは「投稿機能」から行います。「写真を追加」、「投稿機能」は、「最新情報を追加」「特典を追加」「イベントを追加」からそれぞれ投稿できます。何を販売しているのか、何屋さんなのか、何が売りなのかがわかるような特徴を表すものが好ましいです。来訪いただく際にわかりやすいように、店舗や会

147

社の建物の外観を撮影して掲載するのもよいでしょう。

　投稿する写真は、あなたのビジネスや店舗の情報をより詳しく知っていただくために掲載します。もしまったく関係のない写真を載せてしまうと何屋かがわからなくなり、かえって混乱してしまうので注意してください。

■ ①写真の追加方法

　写真の追加方法です。Googleビジネスプロフィールのガイドラインによると、次のような基準を満たす写真が最適です。

最適な写真の形式とサイズ

形式	JPG またはPNG
サイズ	10KB〜5MB
推奨解像度	縦720ピクセル、横720ピクセル
最小解像度	縦250ピクセル、横250ピクセル
品質	ピントが合っていて十分な明るさのある写真を使用する。大幅な加工や過度のフィルタ使用は避け、雰囲気をありのままに伝える画像を投稿する。

　写真の追加は、管理画面の「写真」のボタンをタップして、「写真を追加」を選択し「写真や動画を選択」からファイルをアップロードします。

写真の追加方法

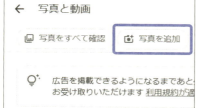 

■ ②カバー写真の追加方法

　Googleビジネスプロフィールには、カバー写真もコンテンツとして投稿できます。本や雑誌で言えば、表紙のようなもので、店舗や商品、会社の中身が伝わるイメージ写真です。運用していくGoogleビジネスプロフィールのトップ画像になりますので、ブランディングには重要な要素になります。目に入ってきたときに、どんな商売をしているのか、自社の売りがわかるような写真を選ぶようにしてください。

　追加方法は、「カバー写真を追加」からです。

カバー写真の画像　磯料理みなと家

　Google検索やGoogleマップ検索から、運用するGoogleビジネスプロフィールにたどり着いてくれたお客様が最初に目にするのがカバー

写真です。写真を選定するときには店舗や会社のイメージが伝わるような写真を配置できるように検討してください。

例えばですが、講師業をしている人であれば、講演会で登壇している写真、飲食店なら店舗建物の外観や人気メニューの写真などが特徴的でわかりやすいです。

指名検索をすると表示されるナレッジパネルには、右上にカバー写真が表示されます。店の雰囲気を伝えるための看板的な写真を入れておきましょう。

また、画質が低くカバー写真にはふさわしくないとGoogleが判断した場合、別で投稿した写真がカバー写真として採用されるケースもあるとガイドラインに記載があります。

■ ③ロゴ写真の追加方法

企業や店舗、商品やサービスの象徴であるロゴは、視覚的にも認識しやすく、印象に残りやすいです。例えばマクドナルドの「m」やセブンイレブンの「7」をデザインしたロゴなど、誰しも目にしたことがあると思いますが、自社のブランドを浸透させるための重要な要素です。

もしまだロゴを作っていない場合には、この機会に制作を検討するのもよいでしょう。ロゴが出来上がってくるまでの間は、店主やオーナーの顔写真やお店そのものの外観、特徴などの写真にしても問題はありません。企業や店舗のタグライン、自社の売りや象徴などをロゴで表現すれば、お客様への記憶や印象を強化できる可能性が高まります。Googleビジネスプロフィールでロゴの写真が表示されるのは、最新情報の投稿や写真・口コミへの返信の際です。

Googleのガイドラインには、ロゴを掲載するとGoogleサービス上でお客様のビジネスが目に留まりやすくなること、またその上でビジネスの基本情報（電話番号、営業時間など）が設定されている場合には、Googleビジネスプロフィールでロゴが強調されて表示されると記

載があります。ただし「ビジネスの基本情報（電話番号、営業時間など）が設定されている場合」とあるように、名前や番地が含まれた有効な住所、カテゴリ、電話番号、営業時間が記載されていないと、ロゴ写真を投稿してもGoogleビジネスプロフィールに反映されない場合があります。

ロゴ写真

追加方法は「ロゴ写真を追加」というボタンからです。

■ ④写真の活用ポイント

　Googleビジネスプロフィールのビジネス情報に、数多く写真が掲載されていると目に留まりますし、直感的にわかりやすくなります。見込みのお客様に届けば結果として新規客の来訪数が増加することにつながるわけです。ビジュアル型の情報を追加していくことにより「関連性」も強化され、必然的にMEO対策としても期待できるのはそのためです。

　またすでに伝えているとおり、Googleビジネスプロフィールは、ビ

ジネスオーナーとして運用しているあなたとGoogleユーザーとGoogleの三者間で行う情報提供ですので、お客様が来店したときに撮った写真を投稿してくださることもあります。これは大変にありがたいことですが、オーナーの意図と異なる写真が掲載されるようなこともないとは言い切れません。運用しているビジネスオーナーの投稿が優先的に表示される傾向にありますが、随時Googleビジネスプロフィールに表示されている写真を自身で確認しつつ、オーナーとしては写真投稿を続け、更新していくようにしてください。

写真活用のアイデア例

　ぜひ取り組んでいただきたいのは、初めて来訪するお客様に向けて制作する写真コンテンツの提供です。Googleマップのルート検索を使って来店するお客様が初めて来訪するとなれば心配事がさまざまにあります。例えば駐車場の場所や停められる台数、どんな入口か、などです。

　ここからはそのアイデアを具体的にしたものをいくつか紹介しておきます。

駐車場

　初めて来るお客様が気になる要素の一つが、駐車スペースの確保です。駐車場の場所は店の前なのか、裏側なのか、少し離れたところにあるのか、または立体駐車場なのか、屋内なのか屋外なのか、何台くらい停められるのか、などをあらかじめ写真で伝えます。特に旅館やビジネスホテル、飲食店などは第一駐車場、第二駐車場がある場合は、それぞれ写真を追加しておきましょう。意外と駐車場の有無やわかりやすさが来店促進のきっかけになります。写真の投稿を強化し、新規客の集客アップにつなげていきましょう。

外観や入口、看板

　初めて来訪するお客様は、あなたの店舗や事務所の様子もわかりません。店舗や会社が目の前にあるのに入口がわからなかったり、2階にある事務所の玄関まで上がるのに階段がどこにあるかがわからなかったりします。建物の雰囲気や見え方が違う日中と夜の外観なども写真でわかりやすく掲載し、道に迷うことのないように、店舗や事務所の看板もぜひ写真で追加しておきましょう。

ターゲットの困りごと、期待していること

　飲食店では、子ども連れでの来店可・不可、掘りごたつ式の座敷の有無、個室の有無などを含めた店内の雰囲気など、ターゲットとなるお客様が知りたい情報を写真で伝えておきましょう。またメニューもコンテンツになりますから、秋なら秋刀魚や栗などの旬の料理や忘年会新年会の宴会シーズンなどに期間限定で提供できるコースメニューも写真で載せてください。写真は直感的でイメージしやすいビジュアルコンテンツとして捉え、制作可能なものから随時追加をしていきましょう。

　どんな写真を掲載したらいいのか、もしイメージが湧かない場合には、競合他社のGoogleビジネスプロフィールをのぞいてみてください。参考にできるヒントがあるはずです。

店舗スタッフ、従業員

　フィットネスジムの指導員や、整体院やエステなどの施術スタッフなどのプロフィール写真も情報として掲載しておくと、初めて来訪する人は安心します。来店前から写真である程度認識できることで、親しみやすい感覚になっていただけていることもありえます。社員やスタッフが指導や施術をしている様子をおさめた写真や動画は、お客様が実際に購入したときのイメージも湧きやすいため、来店促進にもつながります。

その他

　利用してくださったお客様が投稿してくれた写真も参考になります。意外にもお店側が思ってもないようなところに感動していたり、インパクトを感じたりするので、それを写真におさめてくれているケースがあります。可能であれば常連のお客様にあなたの運用するGoogleビジネスプロフィールを見てもらって、他にどんな写真があったらいいかなどを聞いてみるのも一つの手です。こうした取り組みは、お客様目線のブラッシュアップにつながっていきます。

■ ⑤写真の削除方法

　写真の削除方法です。追加するときと同様に「写真」のボタンをタップし、削除したい写真をゴミ箱のボタンで削除します。必ず「削除してもいいですか」と確認されます。

動画でビジュアル化する

　続いて動画の追加方法です。動画は、臨場感を含め、より多くの情報を提供できます。

　早速、Googleビジネスプロフィールに動画を追加していきましょう。動画の内容は関連性のある動画を投稿してください。関連のない写真の追加と同様、ガイドラインに抵触してアカウント停止になる可能性がありますので気をつけましょう。

■ ①動画の追加方法

　動画の追加方法です。Googleビジネスプロフィールのガイドラインによると、次のような基準を満たす動画が最適です。

最適な動画の形式とサイズ

時間	最大30秒
ファイルサイズ	最大75MB
解像度	720P以上

動画の追加方法

　追加の方法は、動画の場合も写真と同じで、管理画面の「写真」のボタンをタップして、「写真を追加」を選択し「写真や動画を選択」からファイルをアップロードします。

■ ②動画追加のポイント

　Googleビジネスプロフィールのビジネス情報に、関連する動画を投稿することにより、写真とは違った見え方や臨場感を伝えることができるので目に留まりやすく興味・関心をひきやすくなります。写真の追加と同様、見込みのお客様によりイメージしていただくことにより、

結果として新規客の来訪数が上昇することにつながります。既出の「④写真の活用ポイント」も参照してください。

動画活用のアイデア例

ぜひ取り組んでほしいのは、多くの情報を伝えられる動画ならではのコンテンツ作りです。ここからはそのアイデアを紹介しておきます。

店舗や会社までのアクセス、入り口

お客様の目線で撮影したアクセス動画は、擬似体験になりイメージしやすくなります。実際にお客様自身が店舗や会社に向かっていることを想定して見ることができますので、予行練習に近いシミュレーションができます。

店内、社内の様子

初めて来訪するお客様は、意外と店内や社内の様子が気になります。例えば、初めて行く美容室の雰囲気であったり、初めて行く歯医者の受付フロアーだったりとお店側の当たり前が当たり前でない状態です。知らないものは怖く感じますし、わからないものには抵抗を感じるのが人間の常です。しかし事前に動画で雰囲気がわかっていれば、お客様はある程度のイメージや心構えもできますので、安心して来店できます。

料理、調理の様子（プロセス）

飲食店であれば、料理の動画や調理シーンなどがわかるプロセス型の動画を撮影しておきましょう。お客様は仕込みや厨房など舞台裏にも関心があるものです。ストーリーを見せて、「このお店に行きたい」と思っていただけるよう工夫してみましょう。

■ ③動画の削除方法

　動画の削除方法です。写真の削除をするときと同じです。追加するときと同様に「写真」のボタンをタップして削除したい動画を選び、ゴミ箱のボタンで削除します。

CHAPTER-6　Googleビジネスプロフィールに投稿する制作と編集

認知されて
集客力を高める

SECTION
02

より多くの人に、自社のお店やビジネス、商品・サービスを知ってもらうためにもGoogleビジネスプロフィールをフル活用して認知力を高めていきましょう。

より多くの人に商品やサービスを知ってもらおう

　インターネットを使ってビジネスを始めたときに最初に言われたのが「商品は知られていなければ、存在しないのと同じ」という厳しい言葉でした。お客様に知っていただけるようになって初めて提供している商品やサービスを購入するかしないかの判断をお客様は行うことができます。

　Googleビジネスプロフィールには、ビジュアル的に訴求できるコンテンツを投稿してできるだけたくさんの人たちに認識を広げていきます。そしてお客様はその商品やサービスの詳細な情報を知った上で、その商品・サービスを購入したらどうなるのかを考え、抱えている悩みの解決につながるのか、望んでいる答えが手に入るものなのかを考えるわけです。考える時の助けになるのが、写真や動画のコンテンツです。お客様が商品やサービスを利用しているシーンや店内の様子がわかれば、来訪や問い合わせにつながります。当店名物料理など売りになる特色・特徴がわかれば、競合のなかから選んでいただける可能性も出てきます。また掲載した情報を充実させれば、関連性の指標が上がりMEO対策の効果も期待できることから、より多くの見込みのお客様にリーチできます。

　このように考えていくと、商品やサービスをGoogleビジネスプロフィールに掲載して、お客様に知っていただければ、必然的に集客力アップにつながっていくわけです。

商品やサービスを知ってもらう具体的な方法ですが、Googleビジネスプロフィールのビジネス情報に、商品（メニュー）やサービスの登録をしていくことです。例えば、飲食店では「釜飯」「串焼き」「餃子」などのようなメニューの登録ができます。印刷会社であれば、「チラシ印刷」「名刺印刷」「のぼり作成」なども商品として登録できます。

　登録できる商品は、基本的に有形のものです。一方で無形のものは、この後に紹介するサービスの登録となります。ただし飲食店の多くはメニューとして表示されます。このようにGoogleビジネスプロフィールは、店舗やビジネスの業種業態により、管理画面に出てくる項目が「商品の編集」「サービスの編集」「メニューの編集」とそれぞれ異なりますが、見込みのお客様にリーチできるよう有効活用していきましょう。

商品の登録で認知される

■ ①商品の登録と編集

　商品の登録は管理画面から「商品を編集」を選びます。主な入力項目は「商品/サービス名」「カテゴリ」「商品価格」「商品の説明文」「写真」です。

　「商品のランディングページのURL」には、自社の公式サイト（ホームページ）、ECサイトに紐付けてリンクを貼ることができます。お客様からすれば店舗に来訪しないで、インターネットを介して通販で購入できるのであれば、という考え方を持っている人もいますので、機会損失を防ぐためにも商品販売にむけたURLは貼っておきましょう。

　ここでは子ども服で人気キャラクター柄Tシャツを主力商品として扱っている店舗の登録内容を例に出してみましたので、参考にしてください。登録する項目は「商品/サービス名」「カテゴリ」「価格」「商

品説明」「商品のランディングページ」「写真」です。

例）子ども服販売の店舗が、主力商品のTシャツを商品登録する

①商品/サービス名：キャラクター柄セーターTシャツ

②カテゴリ：子ども服

③商品価格：2,500円

④商品説明：大人気の〇〇キャラクターのTシャツを取り扱っております。

⑤商品のランディングページ：https://moriyamanotsyatu.com

⑥写真：（商品名に載せた商品の）写真を入れる

商品登録のイメージ

■ ②商品の登録と編集のポイント

　商品の登録にあたり、まずは実際に提供している商品を整理してみましょう。扱っているすべての商品を載せる必要はありません。主力となるものを商品として登録してください。

　またカテゴリによっては、商品の登録ができる業種とできない業種があります。ガイドラインでは、アルコール、タバコ関連商品、ギャ

ンブル、金融サービス、医薬品、未承認のサプリメント、健康機器、医療機器といった規制対象の商品やサービスに関するコンテンツは禁止されていますので確認してください。

　また、飲食店の場合には、管理メニューが他の業種とは異なっています。メニュー表をPDFでアップロードできる便利な機能が備わっていますので利用してみてください。

飲食店メニューやPDFをアップロード

■ ③商品の削除方法

　商品の削除方法は、登録した時と同様に管理画面から「商品を編集」を選択し、削除する該当商品を選んでゴミ箱ボタンをタップしてください。

商品登録の削除

サービスの登録で認知される

■ ①サービスの登録と編集

ではサービスの登録をしていきましょう。

　管理画面で「サービスの編集」を選びます。すでに登録されているサービスもありますが、「サービスを追加」を押すと「カスタムのサービスを追加」という表示が出てきます。カスタムサービスには無形のサービスを登録します。Googleビジネスプロフィールの運用を開始するにあたって設定したアカウントで企業経営コンサルタントのような無形のサービスをメインカテゴリに選んでいれば、サービスの詳細をカスタムのサービスを追加として登録できます。

サービス登録

　ここでは企業経営コンサルタントが、「SNS集客コンサルティング」を提供サービスとして登録すると仮定し、登録内容の例にしてみました。登録する項目は「サービス」「価格」「サービスの説明」です。ただし公式サイトやECサイトに遷移できるURLは貼ることができません。

例）企業経営コンサルタントが、「SNS集客コンサルティング」をサービスとして登録する

①サービス：SNS集客コンサルティング
②価格：〇〇円
③サービスの説明：SNS初心者で集客にお困りの方向けのサービスです

■ 飲食店は「メニューの編集」で登録・編集する

　Googleビジネスプロフィールでは基本的に有形のものは「商品」、無形のものは「サービス」と位置づけられていますが、飲食店は「メニューの登録」となっています。

　飲食店の場合には、管理画面に「編集メニュー」という項目が表示されます。選択すると、「新しいメニューを作成」という画面になりますので、その下に出てくる「メニューセクションを追加」「メニュー・アイテムを追加」「アイテム価格」「アイテムの説明」に入力をしていきます。「セクション名」は料理の種類、「アイテム名」は提供しているメニュー名です。

飲食店は管理画面に「編集メニュー」項目が表示

　例として、飲食店が「海鮮丼」を登録する際の内容を出してみました。

例）飲食店が「海鮮丼」をメニューとして登録する

163

①セクション名：海鮮丼
②アイテム名：みなと家丼
③アイテム価格：2,650円
④アイテムの説明：丼の上には新鮮まぐろ・桜エビ、しらす、さらには丼の中に甘いタレをまぶした桜エビのかき揚げが入っています。（貝汁・香の物付）

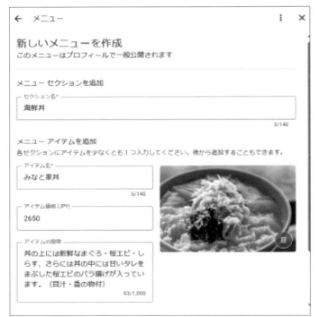

新しいメニューを作成

　管理画面の「編集メニュー」から入り「メニューの写真」にいくと写真を投稿できる箇所があります。実際の店舗の中で見かけるメニュー表に載せる写真をイメージして追加していきましょう。
　ここでアップロードした写真はビジネスプロフィールの「メニュー」タブに公開されます。

164

編集画面「料理メニ
ーの写真の登録」

■ ②サービスの登録・編集のポイント

業種業態によって管理画面の項目が異なる

　業種業態によって管理画面が異なることについての補足ですが、
Googleビジネスプロフィールでは業種業態によって管理画面の項目が
異なり、小売業では「商品を編集」、サービス業では「サービスの編
集」、飲食業では「編集メニュー」と表示されることが基本です。もし
Googleの方からあなたのビジネスでは小売業とサービス業を行ってい
ると認識されている場合には、「商品を編集」と「サービスの編集」が
ともに項目として表示されるケースもあります。

　サービスの登録をするときに「サービスの説明」に貼れなかったURL
ですが、業種業態によって「メニューのリンク」が表示されるケース
があります。提供メニューのページがもし公式サイト（ホームページ）
にある場合には、ぜひそのURLを記載しておきましょう。

飲食店は記念日メニューの登録を忘れずに

　飲食店のメニュー登録は、名物や看板メニューのほか、家族が集ま

る誕生会やお食い初めなどのお祝いメニューや法事のメニューも登録しておきます。忘年会や新年会などの団体のコースメニューも同様です。基本的に「せっかくだから」「久しぶりだから」といった記念日消費や集い消費が見込まれるため、客単価アップにもつながることから、しっかり登録しておきましょう。

■ ③サービスの削除方法

　管理画面から登録したときと同様に「サービスの編集」を選択し、削除する該当商品を選んでゴミ箱ボタンをクリック、またはタップしてください。

サービスの削除

飲食店のメニューの削除方法

　飲食店のメニュー削除の方法も紹介しておきます。管理画面から「メニュー編集」を選択すると、登録した時と同様に管理画面から「サービスを編集」を選択し、削除したいメニューの枠の右上にある「：」をタップすると「削除」が表示されますので、それをタップすると削除できます。

編集画面「料理メニューの削除」

CHAPTER-6　Googleビジネスプロフィールに投稿する制作と編集

口コミを集めて
ブランド力を高める

SECTION
03

口コミは自社のブランド力を高める重要な要素です。お客様から良い口コミをいただけるよう導線を設計し、信用・信頼を積み上げていきましょう。

口コミを集めてブランド力を高めよう

　口コミは商品やサービス、店舗のサービスを利用しようと考えている人がもっとも参考にしたい箇所です。Googleビジネスプロフィールも同様で、良い口コミが集まれば集客についてポジティブなサイクルが生まれます。例えば、利用してくださったあるお客様が「スタッフの対応が素晴らしかった」と書いてくだされば、その口コミを見た見込みのお客様は安心して来店できます。また「商品の質が高い」のように具体的な評価がもらえると信頼性も高まり、新規のお客様を引き寄せる力が強まります。このようにして、口コミは新たなお客様を引き寄せる重要な要素となります。

　例えば、「静岡で海鮮丼といえば、○○○○」、「静岡でSNS集客といえば、○○○○」などブランド力が高まれば、多くの方に知ってもらえるきっかけとなり注目が集まります。お客様にとっては賢い買い物ができる、または失敗しにくいといったイメージを持ってもらえるので、結果としてお客様はブランド力の高い商品やサービスを選びやすくなるわけです。

ブランド力を高める口コミの設計

　ここからは、Googleビジネスプロフィールでブランド力を高める口コミの設計について解説していきます。

■ ①口コミで見える化する〜数は多いほうがいい

　口コミは、視認性の高さ（知名度）や信頼度に影響しますので、数は集められるだけ集めてください。Googleビジネスプロフィールの口コミの数を、店舗同士で比較してみるとわかります。例えば、口コミが1件のスープカレー店と50個あるスープカレー店、どちらに行くかと言われたら、数の多い店に行くのではないでしょうか。このように口コミの数は、人気店であるかどうかが伝わる指標にもなります。

　ただ、やみくもに口コミを集めようと一定期間集中的にお客様に依頼をして口コミを書いてもらうようなキャンペーンをおこなって急激に50個の口コミ数を増やすような取り組みではなく、徐々に口コミを増やせるよう、日常的に利用いただいたお客様に口コミを書いていただけるような工夫をしていくことが大切になってきます。

　ただし、対価や御礼の品のプレゼント、割引券の発行などを前提とした口コミ依頼は、ガイドライン違反となりますので注意してください。

■ ②口コミで売りの言語化する〜言語化は欠かせない

　お客様に「口コミを書いてください」とお願いしても、何を書いたらいいのかわからない人もいます。でももし店内のPOPやメニューに「72時間煮込んだビーフシチュー」「○○漁港でとれた新鮮なお魚を使った本日のメニュー」「当店名物の人気コースです」と書いてあれば、それをヒントにできます。いわゆる「売りのフレーズ」です。文章はゼロから1を書くのが一番難しいですから、口コミを書くネタになります。

　またそういった「売りのフレーズ」の言語化は、ブランド力を高めます。お客様があなたのビジネスの売りや独自の要素を言葉として認識していただけるため、「ビーフシチューなら○○」「新鮮なお魚料理なら○○」など口コミの促進・ブランドの浸透にもつながります。

169

■ ③口コミでお客様とともにブランド化する～仕組み化は欠かせない

　ブランド力を高めるためには、ここまでの話のように口コミの数は多いほうがいいですし、ビジネスや店舗の「売りの言語化」は必須です。しかし、そもそも口コミを書いてくださるのはお客様ですから、お客様が口コミを書きたくなるような仕組み化は欠かせません。仕組み化とは、商品やサービスを購入して使ってくれたお客様が、口コミを自然と書いていただけるような導線を作ることです。

　ここで紹介したいのは、オンラインアンケートの実施です。実際に利用してくださったお客様のメールアドレスや登録いただいたLINE公式アカウントからアンケートを配信して実施します。提供した商品やサービスに満足できたのか、できなかったのかを二択で問いかけ、「満足できた」と回答した人については、Googleビジネスプロフィールの口コミ欄に誘導するURLを送り、「満足できなかった」と回答した人には、別途作成したクレーム受付用の回答フォームに誘導するURLを送ります。そうすると、良い口コミがGoogleビジネスプロフィールの口コミに記載されやすい仕組みが出来上がります。また、自社のGoogleビジネスプロフィールのQRコードなどを活用して、お客様の手間をなるべく省き、気軽に投稿できるような導線の設計も検討してみてください。

CHAPTER-6 Googleビジネスプロフィールに投稿する制作と編集

SECTION 04

最新情報の更新でエンゲージメントを高める

Googleビジネスプロフィールの投稿機能を活用して、最新情報やイベントの開催など、積極的に情報を提供し、エンゲージメントを高めていきましょう。

情報更新でエンゲージメントを高めよう

　お客様とのエンゲージメントを高めていくために、Googleビジネスプロフィールの最新情報の更新は必ず行っていきましょう。

　ここでは最新情報を更新するとお客様とのエンゲージメントが高まる理由をまとめておきます。

■ 最新情報を更新をするとエンゲージメントが高まる理由

①お客様からの信頼性が向上する

　最新の営業時間やサービス内容が更新されていると、お店の稼働状況や情報の鮮度が保たれ安心感が生まれます。

②検索エンジンの評価が向上する

　定期的に情報が更新されていると、Google検索やGoogleマップ検索のアルゴリズムに良い影響があり、検索された時に上位に表示されやすいと言われています。

③お客様から寄せられた関心を継続維持できる

　すでにあなたのビジネスを利用したり、商品やサービスを買っていただきファンになってくれたりしているお客様は、新しいニュースを楽しみにしています。

④競合他社の中から選ばれる存在になれる

　新しい情報の発信は、お客様にとって魅力的な情報です。最新情報の更新をしていくことでお客様にお得感を与えるなどポジティブな印象を与えることができます。

最新情報を投稿する

　Googleビジネスプロフィールで最新情報を投稿するには、①最新情報　②特典（クーポンなど）③イベントの三つのカテゴリ機能を使い、このいずれかを必要に応じて更新をしていきます。管理画面から「最新情報の追加」を選び、次に表示される「最新情報を追加」「特典を追加」「イベントを追加」のなかから用途に応じて選択して投稿します。

　ここで2点注意したいことがあります。最新情報の更新なので、投稿する写真や動画は新たに撮影・編集したものを使用してください。すでに投稿してある写真や動画コンテンツをここで再利用すると、「意味不明なコンテンツ・コンテンツの繰り返し」とみなされ、ポリシー違反になる可能性があるので、気をつけてください。

「最新情報を追加」
画面

また、最新情報に記載する投稿文には、ハッシュタグや絵文字、電話番号、URLは使用できません。宣伝や勧誘とみなされて、投稿しようとしてもGoogleから承認が得られない可能性があります。なお、お客様への行動喚起を促す場合にURLを入れたい場合には「詳細」に貼りつけておくことができます。行動喚起のページの詳細については後述します。

■ ①「最新情報」を投稿して情報更新する

　では早速、最新情報を投稿していきましょう。まずは最新情報の投稿の中の一つ目の機能「最新情報」です。テキスト（文字）と写真を同時に投稿できますので、更新のしやすさからいって最も使われる機能です。理想のお客様に向けてどのような情報を投稿していけばいいのかを考えて、コンテンツを作っていきます。更新は、週に一度程度の定期更新が望ましいです。

　ここからはネタに困るようなことのないように、コンテンツを作る際のネタの考え方について紹介しておきます。

「いま」を伝える情報を投稿する

　あなたのビジネスや店舗で、いま、どんな体験ができるのかを伝えていきましょう。飲食店の例でいうと、季節の旬の料理メニューの紹介をしたり、入荷したばかりの鮮度のいい魚やとれたて野菜などを紹介したりします。店舗で提供するメニューの「今」「最近」の情報がお客様に届けられます。

　行動喚起は、「予約」「オンライン注文」「購入」「詳細」「登録」「今すぐ電話」などの項目がありますので、内容に応じてお客様にアクションを促すことができます。

　また「いま」を伝える視点から言えば、これから予定しているセール情報や間近に迫った期間限定のお得情報の事前告知、セールや限定

期間がスタートする当日、それらが終了した後の状況報告などをコンテンツ化して投稿します。お客様のタイミングに応じて行動喚起にもつながります。

なし

予約

オンライン注文

購入

詳細

登録

今すぐ電話

行動喚起を促す項目

メニューやサービスの裏側の紹介を投稿する

店舗や会社のファンを増やしていくのが「裏側コンテンツ」です。バックヤードや厨房の様子、日常業務のひとコマなど、通常、お客様が目にすることのないビジネスや店舗の裏側の様子を伝えるコンテンツは、お客様の興味・関心を促します。

プロセスやストーリーを投稿する

プロセスやストーリーは、提供している人たちの人物像が見えてくるのでお客様が共感しやすいコンテンツです。メニューやサービスができるまでのプロセス、社長やオーナーシェフの創業ストーリー、提供しているサービスや商品についてのこだわりや特徴の紹介など、様々なネタが考えられます。

■ ② 「特典」を投稿して最新情報を更新する

　最新情報の投稿の中に二つ目の機能「特典」です。クーポン機能が活用できます。配布期間を設定し、発行した割引券やプレゼント特典などをお客様に受け取っていただきます。「この画面を提示した方限定で〇〇をプレゼント」としておくと、お客様に行動をしていただくきっかけになります。LINE公式アカウントなどへの外部リンク設計・誘導もできますので、参考にしてください。

「特典」の入力画面

■ ③ 「イベント」を投稿して最新情報を更新する

　最新情報の投稿の中の三つ目の機能「イベント」です。セミナー、マルシェ、体験会、キャンペーン活動などのようなイベントや催事の

告知案内・募集についての情報発信が可能です。「特典」同様に、LINE公式アカウントなどへの外部リンク設計・誘導もできます。

イベントの最新情報例

CHAPTER-7

Googleビジネスプロフィールに掲載した情報の測定と改善

CHAPTER-7　Googleビジネスプロフィールに掲載した情報の測定と改善

7 集客力向上のための掲載した情報の分析と改善

SECTION 01 Googleビジネスプロフィールの「パフォーマンス分析」でお客様の動向を分析し改善していきます。PDCAを回して集客の最大化を図っていきましょう。

現状を把握し、お客様の動向を分析して改善しよう

　本章では、Googleビジネスプロフィール運用してPDCAを回し、集客力アップさせていくための分析（C）と改善（A）について伝えます。

　現状把握のための要素は、Googleビジネスプロフィールの「パフォーマンス分析」の結果にあります。すでに私たちは、第5章「Googleビジネスプロフィールを運用するための目標設定」で、Googleビジネスプロフィールの「パフォーマンス分析」から自社の状況・現在地を把握し、集客を成功させるために具体的な数値を指標にして目標を設定してきました。日次、週次、月次、年次で定点観測をして、そのデータに基づき分析と改善を進めていきます。

　復習になりますが、「パフォーマンス分析」の機能では、Googleビジネスプロフィールを閲覧している見込みのお客様の動向が把握できます。わかる動向は次のとおりです。

- アクションを起こしてもらえた総数
- 電話をかけてきた件数
- ルート検索された件数
- ホームページを閲覧してくれた件数
- 見ているデバイス（パソコンなのか、スマホなのか）
- Googleからの検索なのか、Googleマップからの検索なのか
- どんなキーワードで検索されているのか

● 検索されたことによって実際にあなたの運用しているGoogleビジネスプロフィールの情報が閲覧・表示につながった回数

■「パフォーマンス分析」の測定からお客様の動向を分析・改善する

　ここからはGoogleビジネスプロフィールの「パフォーマンス分析」で把握できる現状から、項目別に表示される結果の数値を分析して改善をはかります。第5章で確認したパフォーマンス分析の項目についての復習も兼ねての解説です。集客につながる改善策を探っていきましょう。

　まずはお客様の動向の分析と改善です。

| プロフィー... | クチコミを... | 写真 | パフォーマ... | 広告掲載 | 編集メニュー |
| 料理の注文 | 順番待ちリ... | 予約 | Q&A | 最新情報を... | レビューを... |

①概要

　「概要（ビジネスプロフィールで実施されたインタラクション）」に出ている数値は、あなたのビジネスや店舗がお客様に興味を持たれているかの指標です。第5章で立てたKPIと比較してどのような状況でしょうか。

　これはあなたの運用しているGoogleビジネスプロフィールを閲覧した見込みのお客様が起こした行動（「通話」「予約」「ルート」「ウェブサイトのクリック」）の総数ですから、これが仮に目標の数値に届いていたとなれば、第6章で取り組んだ施策が結果として有効であったということになります。

179

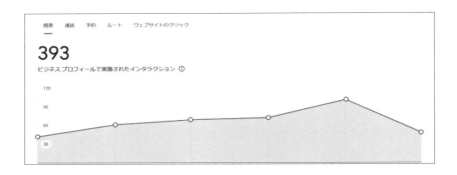

②通話

「通話」に出ている数値は、Googleビジネスプロフィールに表示された通話ボタンのクリック数を数値化したものです。

Googleビジネスプロフィールを経由して直接いただく電話はどのような内容のものがあるのでしょうか。考えられることはいくつかあります。例えば出先からスマホでGoogleマップ検索をしていて、たどり着いたあなたの運用しているGoogleビジネスプロフィールの情報から問い合わせがくる場合です。この場合に考えられるのは、今から来店するつもりだけれども時間的、キャパ的に問題はないかどうかの確認です。また当日予約を含めた電話予約、今現在オープンしているかどうかの問い合わせ、駐車場の場所の確認なども考えられます。お客様の来店日が近づけば近くほど、電話で問い合わせをいただくケースは多くなります。「お気軽にお電話ください」といった主旨も記載しておきましょう。この数値が高くなるということは、ある意味指名検索とも言えるので、成約につながる可能性が高い見込み客がその数だけいることが考えられますので、これはとても嬉しい傾向です。

通話の理由は業種業態にもよりますが、Googleビジネスプロフィールに掲載されている情報が影響していることが考えられます。

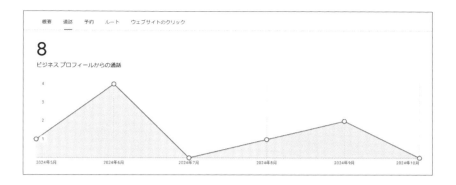

③予約

「予約」に出ている数値は、Googleビジネスプロフィールを通してお客様から入った予約の数です。ただ、すでに伝えているとおり、ここは有料オプションの予約機能を使わないことには反映されません。このオプションを活用している場合には、活用をはじめてから定点観測を忘れずにしていきましょう。そこから見えてくる改善ポイントが必ずあるはずです。

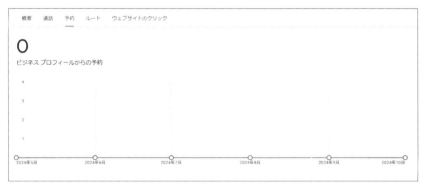

④ルート検索

「ルート検索」に出ている数値は、Googleビジネスプロフィールを通してルートや経由地を探すアクションにつながった数を数値化したものです。

店舗までの行き方を調べるということは、来訪の可能性が高いということです。出先でルート検索する場合には「今すぐ客」であるケースがあります。また、その店舗で近日に打ち上げや宴会が企画されている場合に、開始時間までに到着するには何時頃に出発すればいいのかなど、参加を予定している人があらかじめ調べることもあります。

　この「ルート検索」の数値が高くなったときに考えられるのは、「通話」の数値が高くなるのと同様に成約に近い見込み客が多いということです。

　またGoogle側からすれば、「ルート検索」の数値が高いということは、あなたのビジネスや店舗の名称を知っている人がいるという判断にもなります。要するに、あなたの店舗やビジネスが指名検索されているということを認識してくれるわけです。これはMEO対策に必要な要素、視認性の高さ（知名度）の条件が満たされている店舗、もしくはビジネスであるということになります。となれば、あなたの運用しているGoogleビジネスプロフィールの情報が検索されたときに、上位に表示される可能性が出てきています。

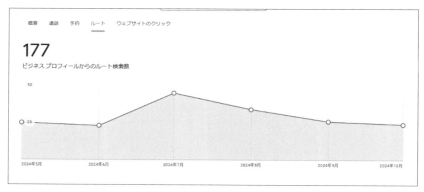

⑤ウェブサイトのクリック

　「ウェブサイトのクリック」に出ている数値は、Googleビジネスプロフィールを通して公式サイトやホームページに遷移した数を数値化したものです。

あなたが出しているGoogleビジネスプロフィールの情報から提供しているサービスや商品を知り、それを深掘りしていることを意味しています。お客様はあなたの提供しているモノやコトに対してさらに深く知りたいのです。

この数値が高くなっているということは、Googleビジネスプロフィールに出しているビジネス情報に不足があるケース、十分な情報掲載はあるけれどさらに詳しい情報が欲しいと思っているケースの2通りが考えられます。基本的にクリックが多いのは良い傾向ですが、双方のバランスを考え、今後の改善をはかっていきましょう。

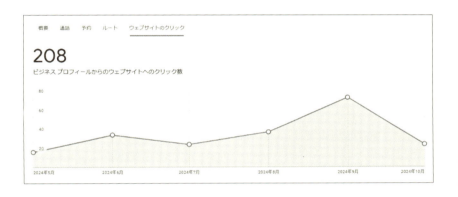

お客様が見つけてくれた経路を分析して改善しよう

■「パフォーマンス分析」の測定からお客様が見つけた経路を分析・改善する

次に、お客様があなたのビジネスや店舗を見つけてくれた経路の分析と改善です。引き続き、パフォーマンス分析の測定から現状を把握するところからです。動向の分析と改善と同様に、第5章で確認したパフォーマンス分析の項目についての復習も兼ねて解説していきます。集客につながる改善策を探っていきましょう。

⑥ビジネスプロフィールを閲覧したユーザー数

「ビジネスプロフィールを閲覧したユーザー数」に出ている数値は、Google検索、もしくはGoogleマップ検索をしたGoogleユーザーに、あなたの運用しているGoogleビジネスプロフィールが閲覧された人数を数値化したものです。閲覧したユーザー数というのは、見込みのお客様が検索したときにあなたの店舗やビジネスの情報が閲覧に該当した、または対象となったという意味です。

第4章「Googleビジネスプロフィールの活用のためにやっておいた方がいいこと」や第6章「Googleビジネスプロフィールに投稿する制作と編集」で実施したことが功を奏した結果とも言えます。これまでの取り組みを継続的に続けていくことが大切です。

その反対にこの数値が低い場合には、情報発信の内容がターゲットにリーチできていない可能性があります。できていること、できていないことを確認して、改善をはかっていきましょう。

⑦プラットフォームとデバイスの内訳

「プラットフォームとデバイスの内訳」の数値は、閲覧した人がスマホで見ているのか、パソコンで見ているのか、Google検索なのか、Googleマップ検索なのか、その割合がわかる数値です。

パソコンで見ている人は、自宅か会社で見ている可能性があります。スマホで見ている人は、自宅や会社で調べている可能性もありますが、出先で見ている可能性もあります。いずれにしても、自社のGoogleビジネスプロフィールをパソコン、スマホで改めて確認し、見やすいか、情報は充分か、写真の見栄えはどうかなど改善を図っていきましょう。

⑧ビジネスプロフィールの表示につながった検索数

　「ビジネスのプロフィールの表示につながった検索数」の数値は、Google検索、もしくはGoogleマップ検索をしたGoogleユーザーである見込みのお客様に、あなたの運用しているGoogleビジネスプロフィールの情報が表示された回数です。

　その下には「ビジネスプロフィールの表示につながった検索語句」という内容で表示されている見込みのお客様に検索して見つけてもらえた語句、いわゆる検索キーワードが並んでいます。

　ここで確認するのは、どんな語句で検索されているかです。こちらで想定しているキーワードを使ってお客様は検索して見つけてくれているのかどうか、実際はそうでもないのか、また、他にもこちらが想定していないキーワードで検索されて見つけてもらってはいないか、などを検証します。もし意外な語句（キーワード）でお客様から検索されて見つけてもらっているようであれば、その語句に関連した投稿を増やしていってください。

　あなたの行っているビジネスや店舗の狙っているキーワードについて検索されていないようであれば、関連するキーワードを入れたコンテンツを制作するなど、改善を試みていきましょう。

185

またもしあなたが飲食店を行っているのであれば、需要のある季節や記念日のキーワードで検索されているかどうかも確認してください。クリスマス、年末年始、バレンタイン、などで見つけてもらえているようであればいいのですが、そうでない場合には、記念日や季節にちなんだ投稿を強化しましょう。

　合わせて、ローカル検索で強化するキーワードといえば代表的なものは「地域名＋業種」や「地域名＋サービス名」などになりますので、今一度強化をしておく必要があります。

1,071
🔍 ビジネス プロフィールの表示につながった検索数

検索内容
ビジネス プロフィールの表示につながった検索語句

1. ジム		512
2. 鴨池ジム		158
3. 鴨池 ジム		153
4. 鹿児島 ジム		93
5. スモールジム		38

CHAPTER-7 Googleビジネスプロフィールに掲載した情報の測定と改善

SECTION 02

集客力を強化する口コミの分析と対策

情報収集するお客様がお店を選択する際に重要視するのが口コミです。お客様の背景を踏まえた良質な体験を提供し、良い口コミを増やしていきましょう。

口コミを分析する

次は、口コミの分析と対策についてです。Googleビジネスプロフィールで集客力のアップをはかるのであれば、口コミ欄の分析と対策は最重要課題になります。

情報発信ツールの一括管理を専門に行なっている株式会社カンリーが、2023年6月に公開したインターネット検索で店舗を探している人111名に行なったアンケートの結果によれば、お店選びで参考にする情報の第一位はマップサービスであり、情報収集の際に重要視しているのは「口コミの数や信憑性」であると発表しました。

口コミの信憑性

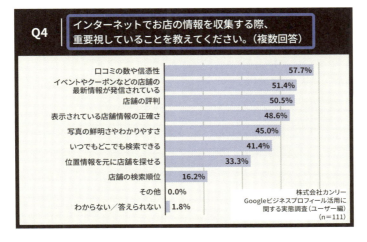

また同じアンケートで「インターネットで情報を収集した後、実際に訪れる際に決め手となるものを教えてください（複数回答）」との質問に対して、51.4％の人が口コミ数と信憑性、49.5%の人が店舗の評判と答えています。

　やはり口コミ欄は、見込みのお客様から最も注目されている箇所になっているのです。

■ ①口コミの数量は、多い方がいい

　まず口コミの数量についてです。先ほど紹介したアンケートの結果からもわかりますが、Googleビジネスプロフィールの情報で、見込みのお客様から最も注目されているのが口コミですから、数量はシンプルに多ければ多いほどいいわけです。口コミの数を増やすにはどうしたらいいのかですが、例えば口コミをお願いしていることが周知されているかどうか、口コミを依頼するタイミングは適切かどうか、スタッフ一丸となって口コミに対する意識や取り組みは充分であるかどうか、何をしたらお客様が口コミを投稿したくなるのかなどを再度確認してみてください。

■ ②口コミの評価は、新規客の評価が左右する

　口コミにどんな内容が記載されるかで集客にも影響が出てきます。仮にもしあなたの店舗やビジネスについての評価の低い口コミが記載されても、誠実に仕事をしていれば評価はそれに伴って良くなり、最終的にトータルとしては評価が上がってきますので焦らないでください。

　とはいえ、最初から高評価をいただける商品やサービスの提供ができるに越したことはありません。基本的に口コミを書いてくださるのは新規客になりますので、初めて利用する人の目線に立ってまずは不備がないように心掛けてください。

■ ③口コミの返信は、投稿への感謝を前提する

Googleビジネスプロフィールの口コミには、よい口コミ、そうではない口コミがそれぞれ寄せられます。基本的には、どちらのコメントに対しても必ず返信はしてください。よい口コミもそうではない口コミも、お客様が時間を掛けてわざわざ口コミを投稿してくれているからです。

高評価を寄せてくださっているのであれば、もちろんファンになりやすいでしょうし、低評価が寄せられていても、わざわざ投稿してくれていることを思えば、しっかりした対応さえできればファンになってくれる可能性もあります。

また、低評価をしたお客様はあなたのお店に興味関心を示した表れとして捉え、どのような評価であれ、投稿していただいたことに対して感謝を前提にしていきましょう。

■ ④口コミの分析は、改善に反映させる

Googleビジネスプロフィールの口コミは、単なるデータとして見るだけではなく、実際の店舗やビジネスのサービス改善に反映させていくことにより、集客力のアップにつながっていきます。

分析は、お客様とのギャップや距離を近づけていくための指標です。ビジネスを成功させるため、口コミにはヒントがたくさんあると考え集客力アップに向けて取り組んでいきましょう。

口コミの対策と改善

口コミの分析をしたら、次は対策と改善です。利用してくれたお客様には集客力アップにつながる口コミをしていただき、良い循環を作っていきましょう。

■ ①口コミの数量を増やす対策と改善

　口コミの数量を増やす対策と改善の方法を紹介していきます。

お客様に良質な体験をしていただいて、口コミ数を増やす

　アナログでもデジタルでも口コミをしたくなるのは、良質な体験をしたときです。例えば「ボリュームがあって美味しかった！」「夕日がきれいでステキな場所だった！」「からだが軽くなった！」などの感動体験は、自発的な口コミの数量を増やします。自分自身が体験をして良かったと思うモノやコトなど、家族や友人にも教えてあげたいと思うからです。

　お客様はどのようなことをどんな場面で思うのかを想像してみましょう。例えば、最近あなたが行った場所で家族や友人・知人に心からすすめられるお店や絶対に行った方がいいとおすすめできるスポットや体験・サービスはありますか？　その良質な体験または「感情」を口コミのコンテンツとして変換できないか？　と考えてみてください。

理想のお客様にきていただいて口コミ数を増やす

　良い口コミがなかなか増えないという場合には、ターゲット設定が間違っている可能性があります。ここが間違っていると、こちらから提供したものに満足できず、低評価の口コミが書かれてしまうことにもなりかねません。ある意味「広告」は書いた通りの人が来ます。例えば、極端ですが「どこよりも安く」を売りにしていれば「どこよりも安く買いたい人」を引き寄せることになります。Googleビジネスプロフィールに掲載する情報は定めたターゲットに向けたものになっているかを確認してください。

ベネフィットを情報に記載して口コミ数を増やす

　Googleビジネスプロフィールのビジネス情報には商品紹介をする文

言に工夫があることも大事です。ポイントは、お客様の欲しい情報、いわゆるその商品を手にして起こるベネフィットを提示することです。

仮にですがビタミンが豊富に入ったサプリメントを販売しているとします。「この商品はレモン50個分入っています」という文言では、商品の説明で終わっています。しかしお客様が知りたいのは、そのサプリを摂ったらどんなベネフィットがあるのかですから「だからビタミンCも豊富で、疲労軽減につながります」と記載があれば、お客様のベネフィットが明確になり、疲労軽減をしたいお客様が商品を購入し口コミ増加につながります。

口コミのお手本を示して口コミ数を増やす

お客様の中には口コミを書きたくても書けない人がいます。というのは、どのような文言で表現したらいいのかわからないケースです。先ほどの例で言えば、「ビタミンCが豊富で、疲労軽減につながる」との文言がお客様の目に留まれば、口コミに入れる文言として活用してもらえるかもしれません。また「一言で言えば〇〇」「ズバリ〇〇」のようなキャッチコピー的なものは、口コミしやすい文言です。

言葉は可視化することでイメージが深まります。可視化する例として言えば、商品やサービスの特徴や売りを図式やグラフにしたり実物大の写真を掲示することも対策の一つです。例えば「カツ丼1.5倍増量」なら数字で示すよりも、実物大の皿の大きさを並べて1.5倍のカツ丼の大きさを表した方が実感がわきます。その印象や驚きといった自らの体験が口コミのきっかけになります。このように口コミをしやすいような、お手本（サンプル）やインパクト（ギャップ）を与えると効果があります。

変化を体験してもらい、感動で口コミを増やす

お客様はあなたから商品やサービスを買っていますが、欲しいのはその商品を購入して得られる体験です。例えば、ダイエットであれば

191

ビフォーアフターなど、より良い未来・変化を買いに来ています。ダイエットして変われた嬉しさは、「あのエステサロンに行くと痩せられるよ」のような口コミ数を増やします。そして新しいお客様を連れてきてくれるきっかけになります。効果・成果・結果を提供することにより、自然と良い輪や縁が広がっていきます。

団体客の受付で口コミを増やす

　忘年会や新年会などのシーズンは、団体で予約が入ることもあるかと思います。コロナ禍を経て、一昔前のような50名や100名規模の宴会はあまり見かけませんが、4人から8人、多ければ10〜20人ぐらいの集まりは今でも需要があります。

　個人的には、大勢よりもこの程度の人数の方がお店の空気感やスタッフとの関わり、接客の良さなどについて、お客様に感じていただきやすいのではと考えています。店側からしても対応がしっかりとできるからです。「来てよかった」と思っていただければ、口コミを複数いただける可能性もあります。

　また団体客の一人としてお越しいただいたお客様に好印象をもっていただけると、「美味しかったからまた行ってみようか」とアナログ的な口コミが発生して、次は身近な人たちを連れて来店してくださることもあります。ですので、団体客を「団体客」という塊で捉えず「一人ひとりのお客様」として接客・サービスを心掛けることにより口コミが増加し、集客力もアップしていきます。

■ ②口コミの評価を上げる対策と改善

　口コミの評価を上げる対策と改善の方法を紹介していきます。

お客様の背景を想像して口コミの評価を上げる

　お客様の背景を想像できれば口コミの評価は上がります。お客様があなたのお店に訪れる理由は必ずあるはずです。例えば、「どんな時間

を過ごしたいのか」「どんな時間を買いたいのか」「どんな感情を満た
したいのか」など、お客様の背景に注目してみてください。例えば、
飲食店であれば「家族でお祝いしたい」、美容室であれば「イメージチ
ェンジしたい」、フィットネスジムであれば「今年こそやせたい」など
お客様の背景に合わせた接客を行うことで、口コミの評価も上がって
いきます。

五感で感じとる接客と空間づくりで口コミの評価を上げる

先ほども伝えましたが、初めて商品・サービスを購入したときや来
訪したときの感動は口コミの評価を上げます。例えば、視覚・聴覚・
嗅覚のほか、飲食店であれば味覚、エステであれば触覚など五感で感
じていただける方法や場面、仕組みなど工夫できることはないかと常
に意識して取り組んでいきましょう。

待たせない接客で口コミの評価を上げる

飲食店で注文した商品が出てくるまでの時間が長いと感じると、お
客様は不満を感じます。単純に考えて飲食店に来店する人は空腹であ
ったり、その後のスケジュールや予定も視野に入れているからです。
なのでお待たせしないというのは口コミの評価を上げるポイントにな
りますから、スムーズなオペレーションを組んでおくことです。もし
それでも待たせてしまうようなときには「少々お待ちください」より
も「4、5分お時間かかりますがよろしいでしょうか」など具体的な時
間を伝えると丁寧です。お客様もある程度はイメージしやすくなり納
得してくれます。

また、着席してもなかなか注文をとりにきてくれないときには「す
みません」と大声でスタッフを呼ばなくてはならない場面があります
が、こういったこともお客様はストレスに感じています。その現場の
姿勢が評価として表れるのが口コミです。逆に言えば、ここがしっか
りできれば、口コミの評価は上がっていきます。

193

最初と最後の印象で口コミの評価を上げる

　どんな場面でもそうですが、最初と最後はお客様の印象に残ります。初めて店内に入ったとき、電話をかけたときの最初の対応、最後の会計のとき、お店を出るときなどの印象が、お客様の口コミの評価を左右します。

　少し極端ですが、料理は美味しかったけれど帰るときのスタッフの対応が気に入らなかったとなれば、残念なことにその悪い印象の方が残ってしまうものです。その印象が口コミの評価を低くしてしまう可能性もあります。

　口コミの評価を上げていくためには、チーム一丸となってお客様の来店時からお帰りになるまでのオペレーションを見直してみることが大切です。

お客様の課題を解決して口コミの評価を上げる

　「お客様に商品を売る」という発想ではなく、「お客様の課題を解決する」といった捉え方により口コミの評価は上がっていきます。堅苦しく思えるかもしれませんが、お客様は手に入れたい未来があり、あなたのビジネスや店舗が解決してくれるのではないか、と期待しているわけです。商品が欲しいというよりも、本当に欲しいのはその先にあるより良い未来です。

話しやすさ、相談のしやすさで口コミの評価を上げる

　初めて訪れるお店に入るときは、誰しも緊張します。初めて訪れたお店でスタッフが話しやすかったり、質問しやすかったりすると、口コミの評価は上がっていきます。それに対応するには、新規のお客様が来てくださったときにどのようなことが気になるのか、何を聞きたいのか、どんなことが不安なのかを想像しておくことです。もし、わかりにくいようでしたら、あなた自身が新しいお店のサービスや初めて行くお店で商品を購入する体験をしてみてください。その際にどの

ようなところに意識や感情が動いたかをチェックします。アナログ的な要素ではありますが、こういった人柄的な要素もあなたのビジネスや店舗の口コミコンテンツの一つになります。

■ ③口コミの返信への対策と改善

ここでは口コミへの返信の内容に悩んだ時に参考にしていただけるように、口コミの返信の対策と改善について紹介します。

☆だけの評価にも返信して感謝を伝える

Googleビジネスプロフィールの口コミ投稿の中には、コメントをせず☆の数だけで評価をする人もいます。そのような人たちにもぜひ返信をしてください。返信はしづらいかもしれませんが、それもコミュニケーションの一つです。短文でいいので「ありがとうございます」「またのご来店をお待ちしております」など、星で評価してくれたことに対しての返信をしておくことが望ましいと考えています。

過去に寄せられた口コミにも返信して感謝を伝える

以前から開設だけしていて運用していなかったGoogleビジネスプロフィールには、過去に寄せられた口コミがあると思います。今さらと思うかもしれませんが、可能であればその口コミにも返信してください。2年や3年も前に投稿された口コミでも、放置したままにせず、「最近Googleビジネスに取り組み始めましたので、返信が遅くなりました。コメントをお寄せくださりありがとうございます。」と前置きを入れて返信をすることで自然な形となり好印象につながります。

低評価の口コミはヒントと捉えて返信で感謝を伝える

低評価の口コミには、焦ったりびっくりしたりするような内容もあるかと思いますが、お客様から指摘をいただいた課題についてどう捉えていくかが大切です。あなたのビジネスや店舗のこの先の経営につ

いて、ヒントをいただけたと思って俯瞰してみましょう。何かクレームをいただいても「わざわざご丁寧に教えてくれた」と前向きに捉えることで、口コミへの感謝の念も湧いてくるものです。

■ ④口コミの分析における対策と改善

集客力のアップを目指していますので、口コミ分析で得たデータは、改善に活かしていくべきです。ここからは対策と改善について解説します。

評価が高ければ自社の「強み」、評価が低ければ自社の「弱み」

提供しているサービスや商品を実際に利用している人たちの声が寄せられている口コミは、見込みのお客様にとっては最も知りたい信憑性の高い情報です。高い評価が集まっていれば、あなたの行っているビジネスや店舗は信頼度が高くなりますので、来店や利用の動機になります。

また分析をすることで、お客様がどのような点に満足しているのか、またその逆に満足に至らなかった点などがわかりますから、サービスの改善点や強化ポイントが明確になるわけです。評価の高い口コミは、お客様が客観的に見てくれた自社の強み、評価の低い口コミは、お客様が客観的に見てくれた自社の弱みと考え、改善を図っていきましょう。

Googleビジネスプロフィールに寄せられた口コミは、基本的に削除はできません。低評価や心無い投稿、評価が間違っているとしか思えないようなものもそのまま残っていきます。Googleに削除の申請はできますが、実際に削除してもらえるかどうかはGoogleの判断です。

もし心ない内容で口コミが投稿されても、誠実に淡々とお客様に喜んでいただけるサービスや商品の提供を続けていくことです。結果、良い口コミが増えていき、最終的には良い方向で評価の平均値も高まってきますので心配はいりません。

「星五つのサービス」ってどんなサービスなのかを考えてみよう

　Googleビジネスプロフィールの評価は星の数で表現されていますが、その星の数ごとに、自身で提供している商品やサービスのランクを想定してみることです。

　例えば、どのような商品やサービスだったら星は五つになるのか、同じように星四つ、三つ、二つ、一つ、と想像してみてください。それに対して、お客様の感じ方とあなたの感じ方の相違について考察してみることです。その相違する点を改善に活かしていきます。おそらく、お客様の視点とあなた自身の視点では、評価に差異があるはずです。その差異を埋めていき、近づけていくのが改善です。

評価の平均値4.0ってどういうこと？　自身でも評価を考察してみる

　また、Googleビジネスプロフィールであなたのビジネスや店舗の横に最初に表示される評価（星の数）は、寄せられた評価の平均値です。平均値4.0でも、実際にはいろいろな評価があります。すべてが４の評価であれば、平均値は４でも３の評価と５の評価に分かれている場合にも平均値は４の評価です。そのあたりのバランスを見ていくと、サービスと接客の質を改善する余地があることに気づけます。全体に寄せられた評価を確認して、どのあたりの評価が多いのかを認識しておきましょう。

　このように行動の結果を分析したデータをもとにした改善は、集客力のアップにもつながっていきます。

Googleでのクチコミの概要

CHAPTER-7　Googleビジネスプロフィールに掲載した情報の測定と改善

SECTION 03

集客を成功させるために高めるべき10の力とは

Googleビジネスプロフィールの運用を通して、ローカルビジネス・店舗運営など、この先も末長く事業を発展させていくための10の力について解説しました。

「顧客接点力」を高める

　本章ではここまで集客力を上げるために、PDCAサイクルを回し、具体的な分析と改善、そして対策について伝えてきました。

　ここからはそのまとめとして、Googleビジネスプロフィールを手段として集客力をあげ、この先も末永くあなたが事業を続けていくために、是非とも身につけて発揮していただきたい10の力について解説していきます。

　まずは「顧客接点力」です。Googleビジネスプロフィールは、新規集客に効果が見込めるにも関わらず無料で利用できます。なので、やらない手はないわけです。

　Googleビジネスプロフィールで成果を出している会社は、定期的に更新をしています。「最新の投稿」は、お客様へのメッセージであり、お客様と積極的に接点を持つことができます。また無料で出せる「コンテンツ広告」と考えることで、集客導線の強化につながります。

　しかしその一方では、せっかくGoogleビジネスプロフィールを運用しているのにも関わらず、「成果がなかなか出ない」という会社もあります。この場合の多くは、更新がランダムであったり、もしくは止まっていることがほとんどです。

　Googleビジネスプロフィールは、情報更新を定期的に続けてパフォーマンス分析を定点で測定し、それをもとに改善をしていくといった

PDCAを回していくことで集客につながります。

　Googleビジネスプロフィールの定期的な更新を通して、お客様との接点を持ち続ける力、それが「顧客接点力」です。ビジネスは、日々の積み重ねによって関係性が構築できます。その積み重ねが信用と信頼というブランディング対策となり、１日、１週間、１ヵ月、１年と複利型で大きくなっていき、集客力も高まっていきます。

「成長加速力」を高める

　二つ目は「成長加速力」になります。成長とは経験の積み重ねで、経験とはチャレンジの量です。色々とチャレンジすることで、課題も見えてきますから「もっとより良くするにはどうしたらいいだろう」とある意味、必要に迫られて考えるわけです。チャレンジした結果として自社に実践的なノウハウが増えていき、成長が加速していきます。

　座学で学んだことも、実践して自分の体で体感・経験して覚えたことにより独自のノウハウになっていきます。成果が出ている会社の考え方は、チャレンジから学ぶことを大切にしています。

　一方で、成果がなかなか出ない会社は、チャレンジに躊躇することがあったり後回しにする傾向にあります。チャレンジしていかなければ「昨日のまま」の状態になり、過去の延長戦・繰り返しの中で判断することになります。

　お客様もライバルも成長していきます。チャレンジ・経験を積み重ね「成長加速力」を高めることが、集客力の向上につながります。

「顧客目線力」を高める

　三つ目は「顧客目線力」です。特に飲食店には重要な力です。お客様にどんな時間を提供できるのか、どんな空間を利用していただくのか、どんな瞬間を作り上げていくのか、など顧客の目線・感情から商

品・サービスの切り口を考えてみてください。

お客様は、「モノ」ではなく「経験」を買いに来ています。新たな未来や楽しい体験を手に入れたいと考えています。ぜひ「感情」は、「勘定」として考えてみてください。

例えば、「今日1日、お疲れさん！」とビールを味わうのもひとつの感情です。平日・休日・記念日など、人それぞれに感情があります。このような背景にある感情をしっかり捉えていく力が「顧客目線力」です。ここをある意味「鍛えていく」ことにより、集客や売上など良いパフォーマンスを出すことができるようになります。

「新規支援力」を高める

四つ目は「新規支援力」になります。誰でもそうだと思いますが、お客様は初めて購入するものにあたっては、不安があります。特にGoogleビジネスプロフィールの情報を見て来店してくださるお客様は、初めて来店するケースがほとんどです。

商品やサービスのPRももちろん大事です。しかしそれ以上に大切なのは、初めて来店する見込みのお客様に向けたコンテンツの整備です。例えば、フィットネスジムの場合、体験レッスンはどのような流れでトレーニングをするのか、持ち物は何が必要なのか、服装はどんな格好がいいのかなど、お客様自身がイメージできるようになると安心します。その他、例えば初めて胃カメラの検査を行うとしたら、検査前・検査中・検査後とイメージできることでお問い合わせや予約などをしやすくなります。あなたが思っている以上に、初心者はドキドキして緊張しています。こうした初心者向けのコンテンツを充実させる、これが「新規支援力」です。

「肯定応対力」を高める

　五つ目は「肯定応対力」です。接客した時にお客様から好印象を持ってもらえるに越したことはありません。印象が良ければ「接客が良かった」とGoogleビジネスプロフィールの口コミに記載してもらえる可能性もあります。

　閉店間際であることを知らずに飲食店に入ったときに、対応したスタッフの接客に寂しい思いをしたことはないでしょうか。以前、私が寂しい経験したのはラーメン屋でした。ドアを開けたらすぐに「間もなく閉店ですので、すみません」と言われました。「閉店なので、仕方がない」と思い、特に何も感じずにそのまま帰りました。しかし、先日他のお店でこんな対応をしてもらったことがあったのです。「いらっしゃいませ、ご来店ありがとうございます。実はまもなく閉店時間となりますので、オーダーストップをしております。」と言われました。そして「次回いらしたときに使ってください」と味つけたまごのトッピング券をいただいたのです。案の定、私は再びそのお店を訪れる機会をつくりました。この例のようにビジネスを経営する上でお客様からいろいろと問い合わせやリクエストがあると思います。もちろんできないことや対応が難しい要望もあると思いますが、できるだけ「できない」で終わるのではなく「○○は難しいのですが△△という形ならできますが、いかがですか？」など肯定的な印象を与えられるよう代替案が出せないか、考えてみてください。

　接客は、同じ事象でも掛ける言葉一つで、お客様の反応は変わります。集客につながる「肯定応対力」を高めていきましょう。

「戦略的創造力」を高める

　六つ目は「戦略的創造力」になります。成果を出している会社は、すぐに結果を求めず、中長期的な戦略をたて、実践を重ねながら成果

201

を追求していく傾向があります。もちろん短期的に集客を見ていくところもありますが、例えば４年に一度のオリンピックも、金メダルを取る選手は日頃からトレーニングを積み重ねています。トレーニングをしないで金メダルを取ることなど、魔法でもない限り難しい話です。４年という中長期的な視点で戦略をたて、途中の小さな大会やオリンピック出場権を獲得する大会、そしてオリンピックで金メダルをとることを最終的に目指せるよう計画していきます。スポーツで考えるとイメージしやすいのですが、ビジネスとなるといきなり飛び道具はないかと探してしまいがちです。

　内容にもよりますが、ビジネスを成功させるにはそれなりの時間がかかります。中長期的な戦略を踏まえた戦略的創造力を培っていくことが重要だと考えています。

「行動変換力」を高める

　七つ目は「行動変換力」です。文字通り、行動を変換していく力です。よく「意識を変える」と聞く場面がありますが、誤解を恐れず言うと現実は特に変わっていないことのほうが多いと感じます。率直に現実を変えるために実際の行動へ変換していくことが成果につながると考えています。

　Googleビジネスプロフィールの口コミには様々な声が寄せられます。嬉しい声もありますが、中にはスタッフの対応や店内の配置や要望など厳しい意見が寄せられるなど気づきをいただくこともあります。その気づきを行動に落とし込むことが大切です。それが行動を変換する力です。

　行動には本音が出ます。本当に思っていれば行動するのが人間です。何事も始めるから始まります。行動しなければ、それが正しいのか間違っているのかさえわからないままの状態になります。

　また一方では、その行動を見ている人たちがいます。周囲の人たち

は、言葉ではなくあなたの行動を見ているのです。もし集客がうまくいかない現状があるようでしたら、行動量は足りているのかを含め自問自答してみてください。

行動を起こす上で大切なことは「どうすればいいのか」ではなく、「どうしたいのか」と考えてみることです。まずは行動を起こしてビジネス力を高めていきましょう。

「即試行力」を高める

八つ目は「即試行力」になります。「即」と言う言葉にはスピード感がありますが、早く行動すれば、それだけ早く気づきが生まれます。もし行動を起こすことに迷いがあるのであれば「試験的にやってみる」のが「即試行力」です。

中小企業はの売りは、スピード感です。大企業では何かコトを進めるにあたって様々な決裁を踏む必要がありますが、例えば「即行動」「即経験」「即改善」など「即」を活かすことで、ビジネスの成功につながると考えています。

「顧客共創力」を高める

九つ目は「顧客共創力」です。営業と聞くと「売り込み」のようなイメージが一人歩きしますが、本来、営業は売り込むことではなく、お客様の欲しい未来を応援し、悩んでいる事柄を解決するために行動する活動のことです。

フィットネスジムの営業で言えば「ダイエットしたい」「痩せたい」と思っている人に「応援しますよ」と手を差し伸べるのが本来の営業のあるべき姿です。「顧客共創力」というのは、このようにお客様と共に「未来を創り出す」という考え方になります。

また、何か商品のセールスをするときには「今売れています」とい

うようなセールストークも大事なのですが、「私も使っていますので、個人的におすすめです」と実体験を入れた自分の言葉を持つことにより説得力と信憑性が増し、お客様に寄り添う感覚が伝わります。お客様に信用してもらうことで、購買意欲を促進する形になります。

　結局のところ、私たちが営業して売るのは「信頼を売る」ということであり、お客様はあなたから「信頼を買っている」わけです。売上アップは信頼アップであり、信頼アップが売上アップになります。お客様からすると安いから購入を決めるといった「価格」が決め手になることもありますが、あなたへの信頼や人柄といった「人格」が決め手になることもあります。

　また別の角度の話になりますが、お客様から見て「ここがすごい」と思っていただける箇所は、あなたの店舗や行っているビジネスの本当の強みや売りです。

　このようにお客様と一緒になって共に未来を作り上げていく力を、本書では「顧客共創力」といい、ビジネスを成功させる力として認識していただければと思います。

「価値発信力」を高める

　十個目は「価値発信力」になります。Googleビジネスプロフィールを通して発信している情報は、お客様にとって価値ある情報でなければなりません。

　ぜひ試して欲しいことがあります。それはあなたがGoogleビジネスプロフィールで投稿した「最新情報」の記事にご自身の中で価格をつけてみて欲しいのです。お客様がこういった情報を受け取ったら、どのくらいの価値を感じてくれるのか、そこから価格を想定してみます。

　「自社が言いたいこと」ではなく「お客様が知りたいこと」といった価値ある情報を載せることに意識を向けてコンテンツが提供できると、質の高い発信となり集客につながっていきます。

CHAPTER-8

他にも押さえておきたいGoogleビジネスプロフィールの機能

CHAPTER-8　他にも押さえておきたいGoogleビジネスプロフィールの機能

8 予約機能を活用する

SECTION 01

さらなる集客力アップのために、Googleビジネスプロフィールの活用で押さえておきたい予約機能についてです。無料のものと有料のものがあります。

2つの予約機能

　本書ではここまでGoogleビジネスプロフィールを運用して集客力をアップをしていく方法について伝えてきました。最後の章ではこれまでの内容を前提にして、さらに押さえておくことで、より一層集客力アップにつながるGoogleビジネスプロフィールに備えられた機能の活用法について触れておきます。

　まずは予約機能の活用についてです。Googleビジネスプロフィールには、予約機能は二つあります。「オンライン予約ツールへのリンク」と「おすすめの予約ボタン」です。予約機能でお客様に行動喚起をしていきましょう。

無料で使える予約機能

■「オンライン予約ツールへのリンク」（無料）

　無料で使える予約機能「オンライン予約ツールへのリンク」は、あなたの運用しているGoogleビジネスプロフィールで公開しているビジネス情報のなかにホームページや自社公式サイトのURLを貼り、そこから見込みのお客様を遷移させて予約していただく機能になります。画面の指示どおりに、ホームページや自社の公式サイトの予約ページのURLなどを入力してください。

「オンライン予約ツールへのリンク」

有料で使える予約機能

■「おすすめの予約ボタン」（有料）

　もう一つが、Googleが用意してくれている有料の予約機能です。指定した外部予約サイトへの連携ができる予約機能「おすすめの予約ボタン」は、Google検索やGoogleマップ検索で表示されたあなたの行っているビジネスや店舗のGoogleビジネスプロフィールから、お客様が直接予約ができる機能です。

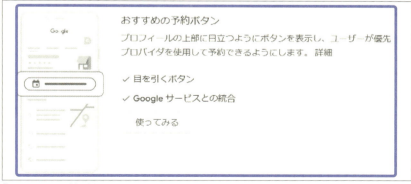

「おすすめの予約ボタン」

207

ユーザーにとってGoogleでそのまま予約できるワンストップ型なので便利です。ただし連携できるのは、Googleが指定しているプロバイダに限定されます。

有料予約機能で連携できるプロバイダー例

CHAPTER-8 他にも押さえておきたいGoogleビジネスプロフィールの機能

SECTION 02

Q&Aを活用する

普段からよくいただく質問は、他のお客さまも気になっている要素です。Googleビジネスプロフィールでお客様の質問に回答し、集客力を高めていきましょう。

活用のポイント

　GoogleビジネスプロフィールのQ&A「質問と回答」では、お客様からの質問を受け付け、回答することができます。三者で情報を共有して運用していくシステムであるため回答できるのは、ビジネスのオーナーだけではなく、Googleユーザーも対象です。この回答でビジネスのオーナーが丁寧に返信をしておくと、見込みのお客様とのエンゲージメントが高まります。

　普段からよくいただく質問については、ほかのお客様も気になっていることでもありますので、あらかじめ情報として開示しておく、もしくは最新情報で投稿しておくなどしておきましょう。お客様は、何か一つでも気になることがあると購入をためらったり、来訪を先延ばしにする傾向があります。集客力を高めるためにも、質問と回答の機能を有効に活用していきましょう。

質問と回答

質問に返信する

「質問と回答」への返信はインターネット上に公開されます。Googleビジネスプロフィールで公開している情報の一つとして、誰でも閲覧できます。忘れてはいけないのは、返信の内容は常にお客様の視点に立った上で行うことです。質問をいただく前にこちらで想像できることについては情報コンテンツとして発信しておくことを心がけていきましょう。

いただいた質問への返信

返信内容を編集する

質問してくるのは見込みのお客様ですから、来店や購入に前向きな人たちであることがわかります。なので返信はできるだけ速やかに、親切丁寧な回答を心がけてください。Googleビジネスプロフィールはお客様とのやり取りができる集客ツールですので、機能を活かして信頼関係を築くことが重要です。お客様から「親切丁寧に返信してくれた」「なるほど詳細がわかった」などと思っていただけることが、結果的に集客力のアップにつながっていきます。

そのような背景からも、質問に対する返信が遅くなると、お客様の立場からすれば放っておかれている、もしくは無視されているという印象を与えてしまいます。閲覧している質問者以外の第三者からみても、ビジネスオーナーの対応はいかがなものかと思われてしまいます。

　また、いただいた質問のなかには、お客様からの口コミに近い評価や改善策をいただけることがあります。その場合には、すでに伝えてきた「口コミの返信のポイント」を参考に、返信をしていきましょう。

　もし寄せていただいた質問に対してあなた以外の人からの回答が記載され、その内容がビジネスオーナーであるあなたからすると間違っているような場合には、その回答の横に表示されている「報告」を選び、Googleに報告をしてください。

■ ガイドライン違反でアカウント停止になったときの復元方法

　もし、意図せずにガイドラインの違反であるとGoogleに認識されてアカウントの停止になった場合の対処方法も記載しておきます。

　ガイドライン違反をしてしまった場合には、Googleビジネスプロフィールが運用できなくなり、Googleアカウントが停止されます。

　その場合には、サポートフォームで問い合わせをしてください。ただしどの箇所がガイドラインに抵触したのかは、Googleから回答は得られませんので、自身でガイドラインを確認しながらチェックしていく必要があります。見直しを行い訂正・修正後に回復リクエストを出すことで、一定の時間はかかりますが復元は可能です。

　とはいえ、はじめからガイドラインに抵触しないようによく確認をしておけばこのような手間はかかりません。ガイドラインはアカウントを開設する前から読み込んでおきましょう。その他、各種投稿には、著作権や肖像権、薬機法などがありますので、この辺りも留意してください。

　なお、「Googleビジネスプロフィールに関連するすべてのポリシー

とガイドライン」のQRコードを載せておきますので確認してください。

Googleビジネスプロフィールに関連するすべてのポリシーとガイドラインのQRコード

CHAPTER-8 他にも押さえておきたいGoogleビジネスプロフィールの機能

Googleのサービスと提携する

SECTION 03

Googleの広告サービスを活用することで、より多くの方へリーチできます。今後のビジネスの進展を踏まえ、各種広告の出稿も検討してみましょう。

Google広告を出す

　世界は日進月歩ですから、今あるサービスがなくなったり状況が変わったりする可能性もあります。Googleの提供するサービスを使っているとよくあるのが、アルゴリズムの変化によってこれまで行っていた集客方法が突然できなくなるようなケースです。インターネットで集客を継続的にしていくために、私たちは常にリスクヘッジを考慮する必要があります。

　リスクヘッジは、具体的に言えばGoogleビジネスプロフィール以外のものにも取り組んでおくことです。Googleが提供しているサービスでいえば、Google広告もその一つです。Googleのサービスを使っているあらゆる人たちに、あなたの行っているビジネスや店舗の情報が届くように広告を出せるのがGoogle広告になります。Googleはそもそも広告の会社であることを思い出してください。

　総務省が出してるデータによると、Google検索を利用している人たちは、検索サービスを利用している人の全体の７割から８割だという結果が出ています。となれば、やはり他のサービスを使うより、Googleサービスを活用するのが効果的であることがわかります。

213

Google検索がTopシェア

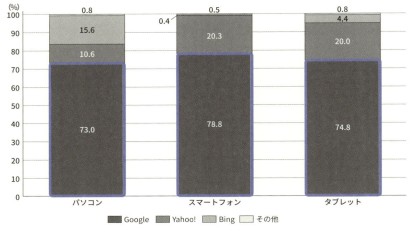

※パソコンは2022年9月時点、スマートフォンとタブレットは2022年3月時点

　では早速Google広告についてです。サービスの利用にあたって手順を進めていくと、最初に広告を出す目的（キャンペーン目標）を問われます。例としては「販売促進」「見込み顧客の獲得」「ウェブサイトのクリック」などです。次に、見出しの設定や検索内容に合った広告を表示するためにターゲット設定をします。キーワードのテーマ追加、広告を出すのに適切な地域の設定、広告予算、支払い方法などを決め、いよいよ広告出稿となります。

　Googleの広告出稿は４つのパターンがあります。Googleビジネスプロフィールからの出稿、ローカル検索広告への出稿、P-MAXへ出稿、Googleショッピング広告へ出稿の４つです。

■ ①Googleビジネスプロフィールから広告出稿する

　Googleビジネスプロフィールから広告を出稿するときは、管理画面にある「広告掲載」を選び、画面の指示どおりに進めていきます。Googleビジネスプロフィールから出稿すると、簡単に広告が出稿できるスマートアシストキャンペーンが適用され、設定したターゲット層

に向けて、GoogleマップやYouTube、GmailなどをはじめとするGoogleが提供するメディアへ、広告が表示されるようになります。

Google広告

管理画面「広告掲載」

Googleに出した広告

215

■ ②ローカル検索広告に出稿する

　Googleビジネスプロフィールに関連する「ローカル検索広告」についてもここで触れておきます。

　Googleビジネスプロフィールを運用してMEO対策が完璧にできていても、競合の状況によってはなかなかGoogle検索やGoogleマップ検索で上位に表示されず、思ったような集客が叶わないケースがあります。そのようなときにはローカル検索広告を出すのがおすすめです。特定の地域で、店舗やサービスを探している見込みのお客様に広告が表示されます。

　広告の見え方ですが、Googleマップ上では「スポンサー」として優先的に表示される広告です。ローカル検索広告は、リスティング広告の仕組みと同様で広告をクリックされるごとに課金されていきます。

　このローカル検索広告を出稿するには、リスティング広告として出稿されていることが条件になっています。リスティング広告は、検索連動型広告とも言われ、Googleで検索するときのキーワードに対して表示される広告です。リスティング広告に出稿し、表示設定する過程

で広告表示のオプションとして「ローカル検索広告」を選び出稿していく形になります。

ローカル検索広告の出し方

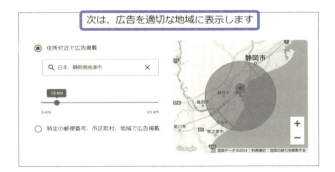

■ ③AIが采配してくれるP-MAXに出稿する

P-MAXは、GoogleのAIの采配によって配信される広告です。詳細な設定が不要なため、すぐに出せる広告ですから検討してみるのも良い

でしょう。

　広告キャンペーンを行うと、Googleのすべての広告枠に配信してくれます。Googleに出せる主な広告枠を紹介しておくと、先ほどのリスティング広告、Googleショッピングの広告枠、ディスプレイ広告、YouTube、Discover、Gmailなどになります。

　コンバージョン目標、予算、テキストの見出し、画像、動画などを設定すると、キーワード設定やターゲットの設定など複雑な設定や登録をしなくてもGoogle側で自動で出してくれることも可能なので、広告費さえ払えば誰でも広告出稿できます。ただし、機械学習によって設定した目標を達成するよう、ユーザーの反応を加味して最適化が行われますので、想定しているターゲット以外にも届いてしまう可能性があるのが難点です。その他、細かな調整ができないことや分析する要素が少ない点があります。リスティング広告＋他のメディアにも配信できるため受動型＋能動型を兼ね備えた広告メディアになります。

■ ④Googleショッピング広告に出稿する

　Googleショッピング広告は画像付きで商品を表示でき、タブ、ショッピングタブ、画像タブに配信されます。商品価格が定まっているものであればほぼすべての業種で配信が可能です。特にアパレル関係に向いています。

　Googleショッピング広告に出稿すると、リスティング広告としてGoogle検索結果の上部に画像と価格などが表示されます。視認性が高く、購入する可能性の高い見込みのお客様に出現できるのでアクセスが集まります。商品の写真や商品名、価格、店舗名などが広告原稿として商品データから作成されます。

　Googleショッピング広告に出稿するには、Googleマーチャントセンターへの登録（無料）が必須です。登録することでGoogleショッピングタブに無料で掲載されます。オンラインショップや自社商品の情報をGoogleマーチャントセンターに登録すると、Googleショッピン

218

グタブやGoogle検索、Google画像検索などで商品の表示ができます。Googleショッピング広告は、マーチャントセンターから受け取ったデータとお客様が検索する語句に関連性があれば、リスティング広告などに配信を行なってくれます。詳細な設定は不要です。在庫状況による広告停止、再開も制御できます。

Googleショッピング広告例

YouTubeで集客する

　YouTubeはGoogleの提供するサービスの一つです。Googleビジネスプロフィールの最新投稿の更新をする際に、コンテンツとして制作した動画を自社で運営しているYouTubeチャンネルで公開し、アクセスを集めて集客につなげることも考えてみましょう。

　公開するにあたっては、その動画が自身で作成したものであり、第三者の著作権を侵害していないことは必須です。説明欄には自社の公式サイトに誘導できるようにURLを入れて、ハッシュタグ、タグも忘れずに記載します。異なるプラットフォームで同じメッセージを伝えることは、あなたの行っているビジネスや店舗のブランドの認知度を向上させてくれます。

　以上が、Googleビジネスプロフィールを活用した集客力アップの全容です。

■ おわりに

　本書では、特に店舗ビジネスに効果的な無料ツール・Googleビジネスプロフィールを活用したローカル集客戦略を基本に、これからの時代により不可欠となるユーザー目線にもフォーカスした業績アップに繋げる方法を紹介しました。お客様に対する「想像力」が、結果として「顧客の創造力」に繋がる点も参考にしていただけると幸いです。

　結局のところ、ビジネスで成功している人は、具体的に行動しています。行動が思考をつくり、行動が現実を変えていきます。本書はそのための行動を基軸にしやすいようにPDCAサイクルを用いた構成としました。

　とは言え、私たちのような小規模事業者は、日々何かと忙しい現実もあるかと思います。わかっていてもついつい行動が後回しになってしまったり、情報発信に対して手が止まったり、躊躇があったり、何となく面倒に感じたりすることもあると思います。そのような時はあなたからの情報提供を「楽しみにしている人がいる」と言った主語をお客様に変換して、お客様のために行動していこうと視点を変えてみてください。

　また、現在は口コミが一番信用される時代になっていると感じます。「このお店は信用できる」「この人は信頼できる」と感じたときに、人は頼まれなくても良い口コミをしてくれます。もちろん、その逆も然りです。この機会に、ご自身でもいろいろなお店に出かけてサービスや商品を体験していただき、ぜひ口コミをしてみてください。「お客様にとって良い体験とはどのようなものか」が実感できる機会になりますので、より一層お客様目線が磨かれていきます。

　最後になりますが、本書の執筆にあたり今回も熱血指導いただきました株式会社ケイズパートナーズの山田稔様、大変お世話になりました。またクライアントの皆様をはじめ、各支援機関の皆様、それからともに学ばせていただいているFBL大学の皆様、スモールジムの関係

者の皆様、B-styleの皆様に心より感謝申し上げます。そしていつも見守って支えてくれている家族、本当にありがとうございます。

令和7年1月吉日
「思いを届ける・伝える・繋げる」
株式会社欅プロモーション　代表取締役　森山直徳

ネットでビジネスしているすべての人へ。

Webサービス攻略のすべてがここに。

しっかり理解してPDCAを回せば、もっと売上があがるし、もっと人が集まる。

絶賛好評発売中!

PDCAを回して結果を出す!	X集客・運用マニュアル	渡邉 有優美著
PDCAを回して結果を出す!	TikTok集客・運用マニュアル	今井 みさき著
PDCAを回して結果を出す!	LINE公式アカウント集客・運用マニュアル	丹羽 智則著
PDCAを回して結果を出す!	Instagram集客・運用マニュアル	田中 紗代著
PDCAを回して結果を出す!	Meta広告集客・運用マニュアル	西村 純志著
PDCAを回して結果を出す!	YouTube集客・運用マニュアル	小野田 昌史著
PDCAを回して結果を出す!	UTAGE集客・運用マニュアル	UTAGE講師まどか著
PDCAを回して結果を出す!	Googleビジネスプロフィール集客・運用マニュアル	森山 直徳著

著者紹介

森山 直徳（もりやま なおのり）

集客コンサルタント。株式会社襷プロモーション代表取締役。
静岡県商工会連合会専門家・静岡県産業振興財団専門家・静岡県信用保証協会専門家。袋井商工会議所エキスパートバンク専門家・島田市産業支援センター専門家・長野県信用保証協会経営サポート専門家。

サービス業店舗支配人時代に降格・挫折経験をきっかけに、「集客販促の成功・失敗の原理原則」や「地域密着型のビジネスが成功する本質」を徹底的に研究。試行錯誤を重ねる中、独自のノウハウを体系化し、V字回復に数多く貢献。
現在は地方の中小企業に特化したローカル集客の専門家として、「地域に根差した集客を強化したい」「地域の中で選ばれるにはどうすればいいのか」など、「店舗の魅力を最大限に引き出すプロモーション」や「検索順位を上げるための最適化」「口コミを活用した信頼構築方法」など、ローカルビジネスが直面する課題を解決するローカル集客コンサルティングを行っている。
これまでに、フィットネスジム・飲食店・美容室・整体・鍼灸院・エステサロン・トリミングサロン・旅館・温浴施設・士業など、公的機関の依頼も含めて累計3,500社以上の指導実績を持つなど、地方経済の活性化に情熱を注いでいる。
その他、著書に『地方で奮闘しているひとり社長のための労力を最小化させて利益を最大化させる方法』（つた書房）がある。

業績アップにつながる無料メールマガジン

・週1回程度（月曜日）に配信しております。
https://www.m-tasuki.com/mail-magazine/

編集協力●遠藤美華、山田稔

PDCAを回して結果を出す!
Googleビジネスプロフィール集客・運用マニュアル

2025年2月27日　初版第一刷発行

著　者	森山 直徳
発行者	宮下 晴樹
発　行	つた書房株式会社
	〒101-0025　東京都千代田区神田佐久間町3-21-5　ヒガシカンダビル3F
	TEL. 03（6868）4254
発　売	株式会社三省堂書店/創英社
	〒101-0051　東京都千代田区神田神保町1-1
	TEL. 03（3291）2295
印刷／製本	株式会社丸井工文社

©Naonori Moriyama 2025, Printed in Japan
ISBN978-4-905084-89-1

定価はカバーに表示してあります。乱丁・落丁本がございましたら、お取り替えいたします。本書の内容の一部あるいは全部を無断で複製複写（コピー）することは、法律で認められた場合をのぞき、著作権および出版権の侵害になりますので、その場合はあらかじめ小社あてに許諾を求めてください。